民办高校治理现代化研究丛书

民办高校举办者管理权研究

周海涛 钟秉林 / 主编

史少杰 / 著

长江出版传媒 | 湖北教育出版社

图书在版编目（CIP）数据

民办高校举办者管理权研究 / 史少杰著；周海涛，钟秉林主编 .— 武汉：湖北教育出版社，2023.12
（民办高校治理现代化研究丛书）
ISBN 978-7-5564-5595-9

Ⅰ.①民… Ⅱ.①史… ②周… ③钟… Ⅲ.①民办高校—学校管理—研究—中国 Ⅳ.① G648.7
中国国家版本馆 CIP 数据核字 (2024) 第 012151 号

民办高校举办者管理权研究

MINBAN GAOXIAO JUBANZHE GUANLIQUAN YANJIU

出品人	方 平		
责任编辑	朱思思	**责任校对**	李庆华
封面设计	李 枫	**责任督印**	刘牧原

出版发行	长江出版传媒	430070	武汉市雄楚大道 268 号
	湖北教育出版社	430070	武汉市雄楚大道 268 号
经销	新 华 书 店		
网址	http://www.hbedup.com		
印刷	湖北新华印务有限公司		
地址	武汉市硚口区长风路 31 号		
开本	710mm × 1000mm 1/16		
印张	13.5		
字数	187 千字		
版次	2023 年 12 月第 1 版		
印次	2023 年 12 月第 1 次印刷		
书号	ISBN 978-7-5564-5595-9		
定价	48.00 元		

高等教育强国建设的文化底蕴（代序）

周海涛

党的二十大明确提出中国式现代化的使命任务，开启了现代化的新篇章。在迈上全面建设社会主义现代化国家新征程、向第二个百年奋斗目标进军的关键时刻，优先建设高等教育强国，以高等教育现代化支撑国家现代化，是中国式现代化的题中之义。在世界高等教育的发展史上，现代化对一个国家高等教育改革发展有决定性作用。我国是后发国家，建设高等教育强国，要全面贯彻党的教育方针，落实立德树人根本任务，既要借鉴各国高等教育现代化的共性，更要彰显基于我国国情的特性，尤其要同中华优秀传统文化相结合，凸显独有的文化底蕴，创造高等教育现代化的新形态。

“*有教无类*”。高等教育支撑全体人民共同富裕的现代化，凸显着我国历史“立己达人”的文化传统，摆脱了西方现代化带来的发达国家与发展中国家之间以及国家内部的贫富差距局限。推进高等教育强国建设，传承我国古代的思想家教育家孔子“有教无类”思想，超越近代一些西方国家确定人人受教育机会平等的做法，既保障平等的受高等教育的机会和条件，也确保人人平等的受高等教育的权利和义务，并努力促进高等教育效果的相对均等。持续推进高考招生改革，完善高校管理和教育评价体系，全方位推进高等教育的起点公平、过程公平和结果公平。着力造就拔尖创新人才，努力培养造就更多大师、战略科学家、一流科技领军人才和创新团队、青年科技人才、卓越工程师、大国工匠、高技能人才。

“*德才兼备*”。高等教育支撑物质文明和精神文明相协调的现代化，凸显着我国历史“安身立命”“富而好礼”的文化底色，摆脱了西方现代化带来的知识与信仰之间的巨大矛盾及其引起的信仰道德危机。推进高等教育强国建设，传承我国教育史上培养“德才兼备”“君子”的思想，超越西方国家一些高校偏重科学教育抑或偏重人文教育的做法，培养德智体美劳全面发展的社会主义建设者和接班人。坚持为党育人、为国育才，全面提高人才自主培养质量，引导大学生爱党报国、敬业奉献、服务人民。引导大学生认真学习和了解祖国的历史尤其是近代以来的历史，从中华民族站起来、富起来、强起来的历史进程中认清中国共产党和中国人民选择中国特色社会主义道路的历史必然性，探究人民在这一进程中所形成的强烈的民族自尊心、自豪感。自觉将自己的人生理想、职业理想同共产主义远大理想和中国特色社会主义共同理想统一起来，在服务人民、奉献祖国、实现中华民族伟大复兴中国梦的历史实践中实现自我价值，用实际行动践行“四个自信”。

“中和位育”。高等教育支撑人与自然和谐共生的现代化，凸显着我国历史“天人合一”的文化传统，摆脱了西方现代化在经济高速发展中对自然的巨大破坏的瓶颈。推进高等教育强国建设，传承我国儒家经典《中庸》的“致中和，天地位焉，万物育焉”以及“安其所”“遂其生”的理念——即“中和位育”思想，超越西方国家高等教育教学中一些绝对化、碎片化、极端化的做法，提供与良好的生态环境和社会持续发展相适应的高等教育正能量。确立“创新、协调、绿色、开放、共享”的新发展理念和人与自然和谐共处的基本方略，统筹职业教育、高等教育、继续教育协同创新，加强人才自主培养、科研自立自强、学科队伍建设的创新，持续协调高等教育的区域布局、结构比例和供需匹配度，强化自身内涵式发展和生态文明教育与实践的正向循环，把握国内国际两个大局、建设中国特色世界一流的高等教育体系，坚持人民至上的根本要求，彰显共建共享、提供惠及全民的优质教育服务，进一步优化高等教育内外生态环境。

“美美与共”。高等教育支撑走和平发展道路的现代化，凸显着中国历史“天下一家”的文化传统，摆脱了过去西方依靠战争、扩张实现现代化的老路。推进高等教育强国建设，传承我国数千年的历史实践中创造和延续的“天下”情怀，儒家的“大道之行，天下为公”的理想、法家的“以天下之财，利天下之人”的主张以及道家的“天下大同”“以和为美”的境界，古人一以贯之的“美美与共”文化逻辑，超越了西方一些国家高等教育领域的西方至上、其他国家高校低人一等的价值观以及设置“小院高墙”的做法，以更加包容和开放的心态来共建高等教育共同体。探索并发挥世界高等教育现代化进程中每一种模式的重要角色，发挥独特的作用，努力将古老的中华文明在新时代通过创造性转化和创新性发展在高等教育领域得到继承和弘扬，也与世界各国高等院校交流互鉴、交融合作，处理好古今中外的辩证关系，做出承载全人类共同价值的高等教育贡献。

（作者系北京师范大学教育学部教授）

目　录

绪 论

中华人民共和国成立70多年以来，我国教育事业取得了辉煌成就。民办教育作为我国教育体系的重要组成部分，在促进教育公平和推动教育普及化、大众化过程中发挥了重要作用。长期以来，我国政府秉持支持和规范民办教育的原则，引导民办学校健康发展。党的十九届四中全会提出了推动国家治理体系和治理能力现代化的战略目标，进一步明确将支持和规范民办教育作为提高教育治理体系和治理能力现代化水平的任务重点之一。民办高校举办者①是我国民办高校②内部治理的关键主体，尤其是随着民办高校转入内涵式发展阶段，较早一批举办者陆续到达退休年龄，分类管理政策进入落地时期，民办高校举办者管理权③愈加吸引社会及学界的关注。

第一节　历史渊源与时代要求

一、举办者在民办高校创设发展中发挥了重要作用

举办者在民办高校创设、发展过程中至关重要，是民办高校内部治理的关键主体。首先，举办者的物质和精力投入是民办高校发展的重要基础。我国民办教育恢复和发展于政府教育经费匮乏的时代背景之下，民办高校的创设、发展主要赖于举办者的投入和驱动。根据国家统计局网站数据，2006年，举办者投入在民办教育经费中比例达5.59%（见图01-1）；根据教育部统计

① “民办高校举办者”指以捐赠、出资、合资、合作等方式举办或参与创办民办高校的社会组织和个人，包括公司、个人、非营利性社会组织、事业单位等。

② “民办高校”是指国家机构以外的社会组织或个人，利用非国家财政性经费，面向社会举办的具有学历教育招生和颁发毕业证书资格的大学、学院及其他高等教育机构；既包括完全自筹资金、自主经营与管理的民办高等教育机构，也包括由国家财政部分拨款的事业单位或国有控股企业利用非国家财政性经费参与举办的民办高等教育机构。

③ “民办高校举办者管理权”指民办高校举办者对学校内部组织机构和制度、财务、人事、教学科研等工作进行决策、计划、组织、指挥、协调、监控等安排的权力。

数据，在民办高校办学经费来源中，举办者投入是仅次于学费收入的第二来源（见图 01-2)。举办者在投入财力、物力资本的同时，还投入人力、管理和知识资本推动学校找准定位、参与市场竞争并实现特色化发展。有学者指出:“举办者在创办和管理民办高校的过程中，付出了大量的心血和精力，没有举办者的辛劳，很多民办高校就没有今日的成就。”[①] 尤其是在一些滚动发展的民办高校，举办者的艰辛奋斗在学校资产积累和发展过程中发挥了核心、甚至决定性作用。举办者因其卓越的领导力成为学校的“领袖”[②]，其办学理念与经营管理战略直接关系学校的健康可持续发展[③]。诸多学者肯定了举办者对民办高校发展的贡献，以及举办者所投入资产、知识、能力素质等人力资本要素在民办高校发展壮大过程中的积极作用，建议充分尊重举办者领袖式管理对学校发展的意义。

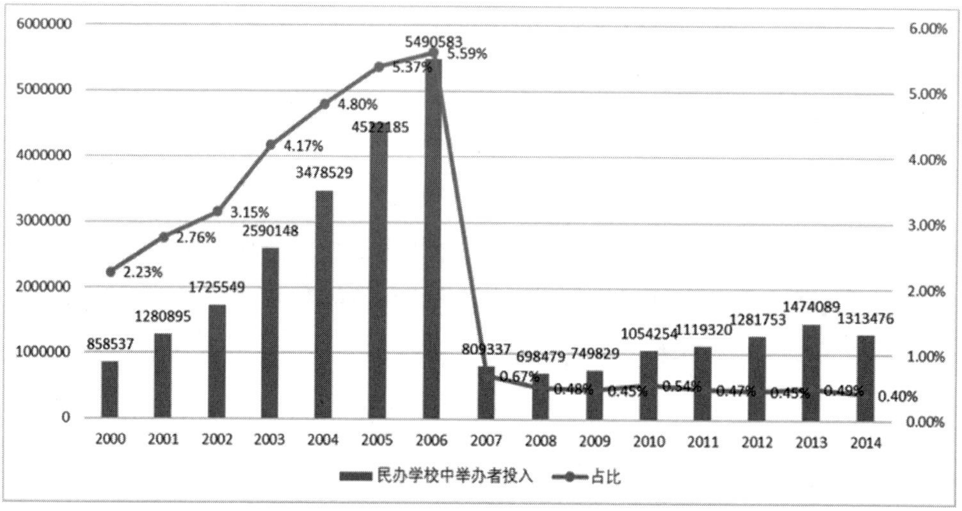

图 01-1　民办高校举办者投入及其在教育经费中的比例（万元，%）
（数据来源：历年《中国教育经费统计年鉴》）

---

① 王一涛．论我国民办高校的公益性 [J]. 教育发展研究，2010，(18)：6-10.

② 王一涛．民办高校产权：分析框架的初步建构及应用 [J]. 华中师范大学学报（人文社会科学版），2009，(3)：135-140.

③ 杨炜长．利益相关者视角下民办高校监管体系的构建 [J]. 中国高教研究，2012，(6)：77-81.

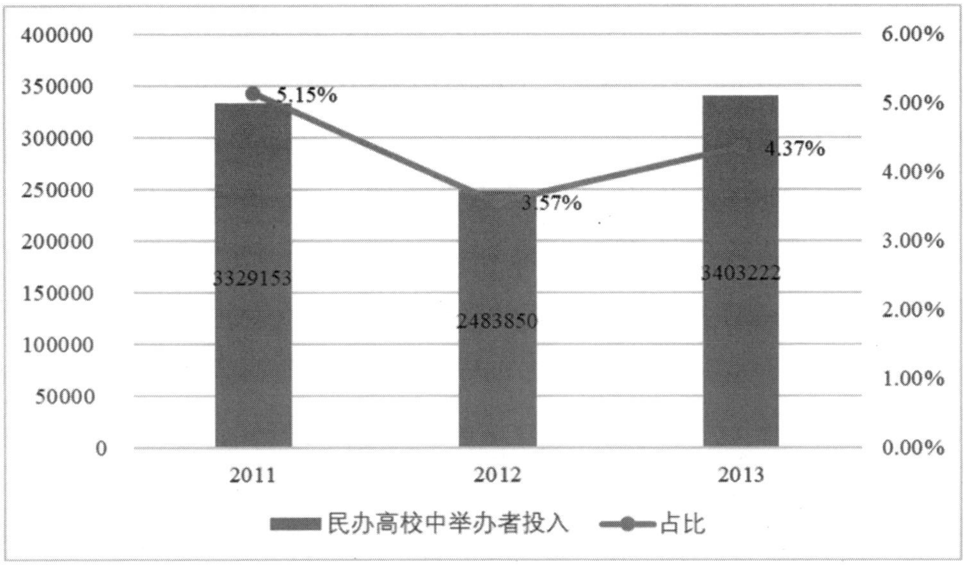

图 01-2　2011—2013 年民办高校举办者投入（万元）及其在民办高校教育收入中的比例
（数据来源：历年《中国教育经费统计年鉴》）

其次，举办者对学校内部治理结构建设具有直接影响。我国民办高校举办者类型多样的特点一定程度上导致了民办高校内部治理结构的复杂性和多样性。在民办高等教育恢复初期，民办高校举办者多为“高教领域对高教事业情有独钟的老知识分子”①。随着国家政策的变化以及高等教育大众化的发展，我国民办高校按照创办时的资金来源及创办方式可以分为个人独资办学、股份合作办学、非公有制企业投资办学、国有企业投资办学、社会团体办学、民办公助、公办高校转制、滚动发展办学、社会捐资办学等九种。②民办高校举办者类型虽然仍以个人为主，但是公司、高校、其他社会团体等主体也占据了举办者群体的半壁江山。③事实上，由于我国民办高校大部分为投资办学、民办高校职业校长不足等原因，一般情况下举办者才是“学校

① 刘耀明．民办高校分类管理的制度逻辑 [J]. 复旦教育论坛，2011，(3)：66.
② 董圣足，朱坚．我国民办高校的内外部治理特征 [J]. 现代教育管理，2010，(8)：29-33.
③ 张辉，华灵燕，石焕霞．我国民办高校党建工作的创新路径与对策研究——基于 600 余所民办高校调查 [J]. 北京城市学院学报，2016，(1)：77.

的实际控制者、掌舵者和实际决策者”[①]，其对学校发展的重要性远远高于校长，甚至有些民办高校举办者直接担任学校校长。

二、举办者管理权是推进民办高校分类管理的关键

随着民办高等教育快速发展，制约民办高校发展的深层次问题不断显现。如民办高校法人属性尚未明确[②]；产权成为“围困民办教育的第一道藩篱”[③]；民办高校主要依靠学费来支撑办学经费的运转，走的是一条艰难的“以学养学”的道路；[④]民办高校教师“社会地位不高、身份编制不明、待遇保障不足、职称评定困难、参与学校民主管理受限”，[⑤]难以享受与公办高校教师同等的待遇和政策；政府资助缺位或匮乏[⑥]；“投资办学是改革开放以来我国民办教育发展的基本特征”[⑦]，出于营利或获得回报目的创办民办学校的举办者成为主体[⑧]；“对民办高校合理回报问题界定不清，现实中许多民办高校违规赢利，使政府在对民办高校进行财政资助上举棋不定”[⑨]。诸多问题束缚了民办高等教育的进一步持续健康发展，迫切需要政府从宏观层面进行教育管理体制改革，从根本上解除制约民办教育发展的瓶颈问题。面对学校数、在校生数均占全国总额四分之一左右的民办高校，启动破解民办高等教

① 王一涛．论公益性民办高校产权制度的构建[J]．中国高教研究，2010，(9)：61-64.

② 中国民办教育协会发布的《关于民办教育十大问题与对策建议的报告》将法人属性问题列为民办教育十大问题之首。

③ 肖晗．产权：围困民办教育的第一道篱笆[J]．时代法学，2011，(4)：69-77.

④ 王洁．论我国民办高校“发展瓶颈”[J]．江苏社会科学，2010，(s1)：55-57.

⑤ 景安磊．民办高校教师权益实现的问题、思路和措施[J]．国家教育行政学院学报，2014，(12)：63-67.

⑥ 代蕊华，王斌林．政府资助与民办高校发展[J]．教育发展研究，2006，(2)：14-18.

⑦ 邬大光．我国民办教育的特殊性与基本特征[J]．教育研究，2007，(1)：3-8.

⑧ 全国人大教科文卫委员会教育室1998-1999年对全国20省份82所民办学校的调研显示，约90%的民办高校举办者出于营利或获得回报目的创办民办学校。全国人大教科文卫委员会教育室，香港大学中国教育研究中心编．民办教育研究与立法探索[M]．广州：广东高等教育出版社，2001：42-43.

⑨ 丁坤．促进民办高校可持续发展的政府资助研究[J]．中国成人教育，2013，(15)：19-21.

育发展瓶颈、扫除民办高等教育外部发展障碍的分类改革后，民办高校发展的重点亟须从外部政策环境转移到内部建设上来，为实现从规模发展向内涵式发展转型提供支撑条件。

举办者紧握学校控制权，是我国民办高校中普遍存在的现象，也是分类管理改革在民办高校内部治理方面有待突破的难题。举办者紧握学校控制权，既是长期以来民办高校与举办者之间的依赖使然，也与民办高校创办时学校章程、首届董（理）事会或者其他决策机构组成人员名单等事项由举办者负责密切相关。此外，随着第一代举办者达到退休年龄，民办高校进入子女“接班”密集期，控制权家族代际传递的倾向明显。分类管理改革要求民办高校进一步凸显公益性办学组织的特点，通过完善决策机构、健全现代大学制度，将大学使命置于公共服务层面。新《中华人民共和国民办教育促进法》（以下简称《民办教育促进法》）关于“民办学校的举办者根据学校章程规定的权限和程序参与学校的办学和管理”的规定，一方面在法律层面认可了民办高校举办者参与学校管理的合法性，另一方面要求举办者的参与必须依法合规。弥合现实与法律规定之间的差距，要求彻底打破民办高校既有的控制权分配格局，重新定位举办者的管理权，形成举办者依据学校章程赋予的权限有序参与学校管理的新局面。

随着民办高校分类管理改革的实施，学校管理权归属尤其是举办者管理权最受关切。学界产生了剥夺抑或保留举办者管理权的不同看法，可以说在这一背景下举办者管理权亟须重新定位。在我国民办高校管理权主要由举办者掌控的传统与现状下，举办者管理权到底有多大？主要集中在哪些方面？举办者在运用管理权的过程中有哪些问题？举办者应如何运用管理权？这既是民办教育治理应当厘清的现实问题，也是攸关民办教育发展的理论课题。

本研究旨在探究两个层面的问题。在理论层面，一是探析民办高校举办者管理权的内涵，提出巩固或规制民办高校举办者管理权的路径，为完善民办高校管理配套政策夯实理论基础，为完善保障民办高校举办者权益、规范举办者办学行为相关政策提供基础。二是从民办高校举办者、其他管理者以及地方民办教育主管部门负责人等多个角度勾画民办高校举办者管理权现状，在举办者有序管理与民办高校健康发展之间寻找一个平衡点，推动举办者个人或者家族事业与民办高校发展逐步剥离，为民办高等教育治理体系和治理能力现代化提供参考。在实践层面，一是基于问卷、访谈等实证调查，力求了解举办者权力在民办高校内部管理各方面的布局，为民办高校内部治理相关研究提供数据支持，为探析民办高校内部权力结构治理等问题提供现实依据；二是基于权力相关理论，从权力主体多元化、权力运行方式制度化等层面提议民办高校举办者管理权实现路向，从民办高校内部治理的范畴探讨举办者管理权优化路径，为完善民办高校内部治理机制、提高民办高校内部治理能力提供借鉴；三是以民办高校举办者管理权体系为突破口，重新定位举办者与学校之间的关系，促进举办者参与学校管理、获取相关收益的程序规则合法化、可操作化，为规范民办高等教育办学秩序提供思路。

第二节　国内关切与国际纵览

一、国内民办高校举办者管理权研究关切

在民办学校分类管理改革推出之前，直接以举办者群体为对象的研究相对较少，与举办者相关的观点主要分散在民办学校举办权、合理回报、产权、治理结构、分类管理等研究之中；少量关于举办者合法权益的文献也是发表于 2016 年《民办教育促进法》修正案出台之后。以“民办高校举办者管理权”为线索，对民办教育相关研究进行深入挖掘，从一个崭新的角度梳理已有研究，代表性观点主要集中在以下几个方面。

（一）民办高校举办者管理权构成

1. 民办高校举办者管理权构成理论探讨

权利是权力的基础。分析举办者管理权，首先需明确举办者在学校治理中享有的基本权利。对举办者应当享有权利的内容研究经历了一个从分散到相对集中的过程。

较早时期，对民办高校举办者权利的分析主要停留在学校发展规划、体制建设层面，具体包括：①推行自己的教育理念、实现自己的教育理想的权利，包括在国家法律规范范围内，确定办学宗旨、办学方针、人才培养目标和培养模式、学校的用人机制和管理模式等；②制定学校发展规划和办学方案的权利，并负责决定和实施学校建设发展的所有重大事项；③聘用与解聘校长和重要管理人员的权利。[①] 随着相关法规对民办高校建立现代大学制度、完善内部治理结构的要求趋于严格，民办高校举办者权利的内容也向学校内部纵深拓展。比如，在学校董（理）事会等决策机构建设方面，有学者认为选择董事会成员的权利应交还给以出资举办者为主体的利益相关者，[②] 并且除了首届董事会成员的推选外，在换届或缺位替补以及问责上，出资者及利益相关者应该有话语权；[③] 此外，民办高校举办者还应享有参加学校董事会的权利、在董事会中享有表达和投票的权利、召集董事会的提议权以及对学校事务的监督权。

随着民办教育事业的发展，举办者投资办学的特点愈加明显，国家逐步将分类管理改革提上日程。这一变革将合理回报等举办者收益性权利提升至民办高校研究的核心点，随着提议将包括经营权在内诸多权利纳入举办者权利范围的观点逐渐增多，举办者权利内容趋于多元化。[④] 民办高校举办者一

---

① 王文源. 民办学校的产权与权益 [J]. 中小学管理，2001，(6)：12-14.

② 贾建国. 我国民办高校产权的新制度经济学分析 [J]. 中国高教研究，2011，(7)：20.

③ 巩丽霞. 民办高校内部管理机制的法律思考 [J]. 教育发展研究，2008，(Z2)：18.

④ 沈学伍. 民办高校营利观刍议 [J]. 江苏高教，2006，(1)：74-76.

旦将其资产投入学校，就失去了对其资产的所有权，转而享有所谓“举办者权益”，对于非营利性民办高校，这种举办者权益主要是选择经营者和重大决策权的权利。[①] 也有一种观点以公司为参照，将股权概念引入举办者权利范畴。“出资人在让渡其财产权的同时也获得了相应的对价，即对民办学校所享有的出资人权利。就本质而言，民办学校的出资人权利，就是出资人对民办学校所享有的股权。”[②]“举办者或投资者在让渡了自己的财产所有权后，其所有权由实物形态的所有权形式转化为价值形态的权力形式即股东权，此时举办者或投资者的身份由所有权人变成了股东。举办者或投资者的股东权益主要包括两部分：一是经营管理权；二是剩余索取权（利润分配请求权）。”[③]

由此可以看出，学界对民办高校举办者权利的分析由最初宏观层面的人与事管理权逐步扩展到投入资产所有权所衍生的财产性权利，并最终形成举办者财产性权利和非财产性权利分析框架。综合多个学者观点，民办高校举办者管理权一般包括董事会成员权、重大决策参与权、知情权、监督权、人事权等方面。具体来看，董事会成员权指举办者参与董事会的权利，以及由此获得的董事会表达权和投票权、召集董事会的提议权等；重大决策参与权指举办者对学校重大事项进行决策的权利；人事权主要指选择校长等管理者、选举董事和监事等权利；知情权和监督权主要指举办者查阅学校章程、决策机构会议记录及财务会计报告等重要文件，了解学校资金使用情况、教育教学计划执行情况和教育教学目标实现情况，要求董事、校长和高级管理人员向其汇报学校管理工作并接受其质询和监督，以及对学校其他事务进行监督

① 杨开太．试析民办高校法人财产权 [J]. 江苏高教，2011，(4)：83-85.

② 张文国．民办学校的出资人权利探析 [J]. 教育学术月刊，2008，(5)：33-35.

③ 张利国，林红．民办学校法人财产权法律性质之我见 [J]. 黑龙江高教研究，2012，(8)：28.

的权利。[①②] 这些权利是举办者实现其办学思想和理念、参与学校管理的基础。

但也有学者从不同角度和层次建议对举办者的权利范围进行限制。刘建银从非企业制度的逻辑出发，认为举办者只能有知情权、质询权和监督权。[③] 有学者采取折中的办法，认为举办者只有在学校过渡期间具有选举管理者及参与学校重大事项决策的权利，“投资或捐资主体原则上不能对私立高校的资产经营活动进行干预，只能对它的‘合目的性’（即是否按照捐资合同约定或章程规定履行非营利性法人宗旨和目的）进行监督约束”；张利国、程文认为非营利民办高校财产的管理主要由捐赠人通过制定捐助章程予以规定。[④] 彭宇文同样认为出资人“不能直接支配学校财产”，而是“通过董事会等形式间接参与学校管理”。[⑤] 对于人事权，王一涛认为，民办高校管理者选任不应由举办者从自己子女或亲属中择取新管理者这种家族化或泛家族化方式产生，而是面向全国乃至全世界选聘优秀人才。[⑥]

2. 民办高校举办者管理权构成现状分析

“控制权”是已有研究中用于描述民办高校举办者管理权现状最为常见的一个词。文东茅在较早时期就提出“民办学校举办者投资或者创办民办学校的目的在于获得学校财产和重大决策的控制权”[⑦] 这一观点。查明辉将举办者处于民办高校权力的核心、在事实上掌握着学校包括管理权在内的控制权作为中国民办高校区别于西方非营利性民办高校的最明显特征之一。[⑧]“控

① 王华，王德清．民办学校举办者利益诉求与国家需要的矛盾及化解路径 [J]. 中国教育学刊，2017，(3)：4-8.

② 张晓红．我国民办高校产权问题现状及对策分析 [J]. 中国科技论坛，2010，(10)：113-117.

③ 刘建银．民办学校分类管理的动因、目标与实现路径 [J]. 国家教育行政学院学报，2011，(4)：49-52.

④ 张利国，程文．从实然到应然：论非营利民办高校的产权构建 [J]. 现代教育管理，2016，(9)：64-69.

⑤ 彭宇文．中国高校法人治理结构研究 [M]. 北京：中国社会科学出版社，2006：147.

⑥ 王一涛．论我国民办高校的公益性 [J]. 教育发展研究，2010，(18)：6-10.

⑦ 文东茅．论民办学校的产权与控制权 [J]. 清华大学教育研究，2003，(2)：29-34.

⑧ 查明辉．论民办高等教育市场化发展模式的特征 [J]. 黑龙江高教研究，2011，(2)：68-72.

制权”这个概念源于公司治理。法玛和詹森（Fama & Jensen）将公司的控制权界定为“雇佣和解雇公司管理层、决定公司管理层报酬的权力”①；德姆塞茨将其界定为“一组排他性使用和处置企业稀缺资源（包括财务资源和人力资源）的权利束”②；我国学者张维迎则将控制权界定为“关于生产经营和收入分配等问题的决策权”③。诸多学者将控制权这一概念引入民办高校治理研究领域，并参照企业治理中控制权的概念对民办高校控制权进行分析。

相关研究探讨了民办高校控制权的主要内容，并认为民办高校举办者实际上就掌握着学校控制权。从已有研究结论来看，民办高校控制权主要指学校重大决策权，涵盖学校组织规划、人事、财务等诸多方面。既包括对高层管理人员的聘用、解聘等人事决策权，对学校财务投资、运营、分配、处置等方面的决策权，也包括对学校分立以及合并、终止等重大事项的决策权。④⑤财务权和人事权尤其是学校财务权往往成为学校控制权争夺博弈的核心。事实上，民办高校控制权尤其是财务管理权实质上由举办者掌握，人事聘任也由“举办者说了算”。⑥一项调查发现，159 位民办高校举办者中有 117 位具有在学校工作的经历，大部分希望拥有学校决策权和控制权等非财产性权利，并且一部分在实际上也掌握着学校财务权、重要人事任命权等重要权力。⑦

---

① FAMA E F, JENSEN M C. Agency problems and residual claims[J]. Journal of Law & Economics,1983, (6):26.

② 德姆塞茨．企业经济学 [M]. 北京：中国科学出版社 ,1999:51.

③ 张维迎．所有制，治理结构及委托—代理关系：兼评崔之元和周其仁的一些观点 [J]. 经济研究，1996,（9）：3-15.

④ 王一涛．民办高校产权：概念的阐释及分析框架的建构 [C]// 中国教育经济学学术年会 .2009: 31-36.

⑤ 周红卫．民办高校控制权私利及其度量 [J]. 中国高教研究，2011，（12）：46-50.

⑥ 查明辉．民办高校“三驾马车”领导管理体制研究 [J]. 现代教育管理，2012，（4）：29-32

⑦ 金成，王华．经济回报、权力获得与自我实现——我国民办高校举办者办学动机探究 [J]. 教育发展研究，2016,（21）：64-69.

表 01-1 民办高校举办者权力范围表

权利内容	含义
董事会成员权	参与董事会；提议召集董事会；表达权和投票权
重大决策参与权／重大事项决定权	参与制定学校的发展规划、计划表决；财务资产的投资、运营、分配、处置等决策；学校分立、合并、终止等决策；确定学校管理模式；制定学校发展规划和办学方案；决定和实施学校建设发展所有重大事项
人事权	选聘、解聘或者选择、推荐校（院）长、理事、监事等重要人事；选聘教职工；确定学校用人机制
财务权	直接掌握学校资产的投入、分配、运营等事务
知情权和监督权	查阅董事会会议记录；查阅财务会计报告等重要文件，了解资金使用情况；了解学校教育教学计划执行情况和教育教学目标实现情况；监督和质询学校董（理）事、监事以及其他管理者的工作情况
教学科研管理权	推行个人教育理念、实现个人教育理想的权利，包括确定学校办学宗旨、办学方针、人才培养目标和培养模式等

（根据前述文献中的观点整理而成）

（二）民办高校举办者管理权实现及保障

1. 民办高校举办者管理权实现方式

参与学校管理要依照一定的程序或方式。目前民办高校举办者参与学校管理的方式主要有三种：一是通过参与董事会决策（包括担任董事长）对学校进行管理；二是担任学校校长直接对学校进行日常管理；三是在担任董事长同时兼任校长或其他重要管理职务。对于举办者是否应直接参与学校管理、如何参与学校管理，学界存在不同的观点，理论分析与现实状况之间也有一定的差异。

一种是主张举办者退出或尽量减少参与学校管理。有学者认为，“举办者的任务是筹设民办学校，学校成立后，其使命便告完成”，此后学校重大事项的决策权由董（理）事会行使。[①]捐资办学的举办者，在捐资办学后，往往与学校脱离实质关系，既不作为法人成员，也不直接参与或决定学校事务。[②]鉴于学校经营管理遵循教育规律的要求，有学者认为民办高校举办者是学校股东，不应过多参与学校的经营管理，[③]只能以股东身份通过一定的机构表达自己的意思[④]。政府和学校可以通过“完善激励机制，引导民办高校举办者在合适的时机、通过合适的方式退出领导岗位”[⑤]。

另一种是支持民办高校举办者以合理的方式参与学校管理，并对举办者参与学校管理的方式进行评价分析。无论是出于何种目的出资办学，民办高校举办者（出资的举办者也称出资人）都只能通过在决策机构中行使表决权体现其办学思想，而不能越过决策机构直接干预学校的日常管理和教学。如果他被选举为管理者或被聘为教师，他也只能以管理者或教师的身份而不是出资人的身份开展工作，只能按照决策机构的整体意志而不仅仅是自己的个人意志行事。[⑥]较为激进的观点则认为，民办高校举办者要实现自身的教育理想，必须充分控制学校的人、财、物等资源，拥有充分的控制权。对董事会成员的推选权或者进入决策层，是民办高校举办者实施控制权或管理权的重要条件。因此，尽管民办高校举办者可能只是学校董事会的一名成员，但他仍能够直接左右民办高校的最终决策。[⑦]实际上，当前我国民办高校举办

---

① 张春生．中华人民共和国民办教育促进法释义[M]．北京：法律出版社，2003：128-129.

② 刘宗胜．民办学校财产权探析[J]．学术交流，2002，(5)：64.

③ 阙海宝．民办高校产权的制度完善与创新[J]．教育与职业，2009，(17)：5-7.

④ 张利国，林红．民办学校法人财产权法律性质之我见[J]．黑龙江高教研究，2012，(8)：27-29.

⑤ 王一涛．论我国民办高校的公益性[J]．教育发展研究，2010，(18)：10.

⑥ 张文国．民办学校的出资人权利探析[J]．教育学术月刊，2008，(5)：35.

⑦ 刘颂．民办高校治理结构的成因分析：内外约束下的结果[J]．黑龙江高教研究，2009，(3)：102-104.

者参与学校管理的方式并不仅限于董事会一条途径，通过担任学校董事长控制学校董事会或者直接担任学校校长甚至兼任学校多项要职进而获得学校控制权也较为普遍。[①②] 根据王一涛的调查，212 位样本民办高校举办者中，209 位（98.6%）在民办高校中担任董事长、校长或党委书记等重要职务，27 位（12.7%）兼任学校两个或三个重要职务。[③]

2. 民办高校举办者管理权保障保护

权利的法律设置并不意味着主体能有效地行使这些权利，权利能否有效地行使还取决于权利的行使机制和法律保护状况。在民办高校举办者管理权保障方面，已有研究主要集中在法律界定、权利救济、行使权利的程序和方式等层面。

首先，民办高校举办者权责亟须予以明确。完善民办高校内部治理结构，首先要在充分“保障出资人（举办者）合法权益的基础上，明晰出资人（举办者）的权责利”[④]，但是法律并未明确举办者到底有哪些合法权利，[⑤] 国家制度也未明确回应包括举办者权益在内的重大关切。在举办者权利义务设置方面，《民办教育促进法》存在以下缺陷：对举办者与决策机构关系的规定过于简略，也没有对董事会应当按照出资者权力的大小分配决策权做出规定；[⑥] 对出资人举办者而言，其行为受到严格约束而其权利规定不足，即其权利与义务是不对等的。[⑦] 非营利性民办高校缺乏类似公司制度下的股东大会或股东会等权力机构，因此出资者的表决权、知情权等基本权利不能成为学校权

① 文东茅．论民办学校的产权与控制权 [J]. 清华大学教育研究，2003,（2）：29-34.

② 黄志兵，李艳．“内部人控制”与民办高校董事会治理的完善 [J]. 现代教育管理，2009,（8）：86-88.

③ 王一涛．我国民办高校创办者群体特征及其政策启示 [J]. 高等教育研究，2014,（10）：56-62.

④ 周海涛，施文姝．完善民办高校法人治理结构的难题与策略 [J]. 江苏高教，2015,（4）：14.

⑤ 季红霞．民办高校投资“合理回报”与教育经费监管 [J]. 财会月刊 ,2016,（8）：53.

⑥ 贾建国．我国民办高校产权的新制度经济学分析 [J]. 中国高教研究，2011,（7）：19.

⑦ 肖晗．产权：围困民办教育的第一道篱笆 [J]. 时代法学，2011,（4）：72.

力配置的基础。举办者权利不清，严重阻碍着民办高校的可持续发展，亟须政府在激励举办者办学与监管学校公益性的过程中，在举办者权利与政府管制之间保持恰当的平衡。[①]从有利于学校自治、持续发展的角度合理设置民办学校内部权利义务。此外，民办高校自身在以章程明确各方权责关系方面的意识也不足。有研究对民办高校的章程进行分析，发现章程中关于举办者与学校之间权利义务关系的内容较为薄弱，在 15 所高校中，仅有 4 所民办高校按照《章程示范文本》规定了举办者的三项权利：掌握本单位经营状况和财务状况、推荐理事（董事）和监事、查阅理事会（董事会）会议记录和本单位财务会计报告。[②]

其次，民办高校举办者管理权缺乏保障途径。对民办高校举办者参与董事会的权利、在董事会中的提议权以及对学校事务的监督权应给予强制性契约保护；对于民办高校举办者在学校办学模式、董事会组成方式方面的决定权以及委托他人来代理行使相应权利的权利，应给予自主契约性保护。[③]当前民办高校举办者行使相关权利的程序和方式尚不明确。比如，法律对如何在出资者之间分配决策权没有给出相关规定；在推举首届决策机构成员之后，民办高校举办者只能通过选派代表或直接参与决策机构将自己的办学理念施予学校，以此实现对学校的管理，而对于“如何约束、监督自己选派的代表，以及在自己选派的代表不能代表自己的意愿时应通过什么途径、何种程序对其予以纠正或更换”，也就是举办者行使权利的方法和途径并不明确。[④]因此，应赋予民办高校举办者一定的诉讼权（包括直接诉讼权和派生诉讼权：直接诉讼权是举办者以自己的身份向侵害人直接提起诉讼的权利；派生诉讼权是

① 王一涛．民办高校产权：分析框架的初步建构及应用[J]. 华中师范大学学报（人文社会科学版），2009,（3）：135-140.

② 刘熙．民办高校章程建设的制度基础与问题反思[J]. 浙江树人大学学报（人文社会科学版），2014,（5）：35-41.

③ 杨挺，周鸿．论民办学校产权之法律保护[J]. 中国教育学刊，2005,（5）：12-15.

④ 张文国．民办学校的出资人权利探析[J]. 教育学术月刊，2008,（5）：33-35.

当学校的权益受到损害、代表学校行使诉权的决策机构不提起诉讼时，举办者代表学校对损害人进行诉讼)，当其权益受到侵害时，可以按照一定程序向政府主管部门或法院寻求解决和保护。[①] 还有研究反对为民办高校举办者提供立法保护，认为虽然在一定历史条件下需要通过立法来调动民办高校举办者的积极性，但是不应为民办学校举办者这一特定社会主体提供立法保护；举办者的合法权益及其实现方式只能依附于所举办的民办学校的合法性及有关程序。

（三）民办高校举办者管理权问题及对策

我国民办高校的治理模式多为举办者内控型并表现出“两个痼疾”：一是举办者对决策机构的过度控制，二是举办者与校长之间的权力冲突。由于缺乏有效的制衡和约束，举办者控制在不同程度上影响了民办高校的健康发展。

1. 民办高校举办者过度控制决策机构

我国绝大多数民办高校采用由出资者控制的单边治理模式[②]，大部分民办高校的董事会也可以概括为举办者控制型董事会。[③] 阎凤桥在分析三种类型民办高校（纯民办高校、企业独立创办民办高校、独立学院）董事会设置负责人、成员及决策方式的基础上，指出举办方或投资人掌控董事会的行为使得我国民办高校内部治理呈现“利益团体控制”[④] 的特点。民办高校举办者过度控制突出表现在举办者主导决策机构成员、决策程序等方面。

一方面，民办高校决策机构成员呈现“傀儡化”或“家族化”。王一涛认为民办高校举办者往往安排“傀儡”或者家族成员进入决策机构，从而保

① 王华，王一涛，王德清．民办高校举办者权利的嬗变及回归 [J]. 高教探索，2016，(11)：86-91.

② 杨炜长．利益相关者视角下民办高校办学风险的防范 [J]. 高等教育研究，2012，(9)：52-57.

③ 王一涛，刘继安．中国民办高校董事会规范结构和行为结构偏差的实证分析 [J]. 复旦教育论坛，2015，(4)：75-81.

④ 阎凤桥．中国民办高校内部治理形式及国际比较 [J]. 浙江树人大学学报，2007，(5)：1-8.

证其在决策机构中的核心地位。董圣足对民办高校董事会成员及决策机制的调查发现，民办高校董事会成员中举办方代表在3—5人的学校比例在55%以上。我国民办高校举办者安排家庭成员进入董事会的现象非常普遍。①学校教职工等其他重要利益相关群体在学校重大事项决策中没有话语权或参与度较低，“只是处于被雇佣者、旁观者的弱势地位”②；聘请的外部教育界知名人士、专家仅为名誉性成员，并没有参与决策的权利，甚至不参与董事会的决策和例会。另一方面，在决策程序方面，民办高校举办者“一言堂”问题突出。一些民办高校的重大决策不经董事会讨论，学校的资金分配、人事任命等重大事项都是举办者说了算，董事会成员的作用只限于提出建议或提示风险，无力否决举办者的决定。③个人集权的决策方式潜藏着较大的决策风险。④黄圣足早期实证研究发现，决策机制采取“民主协商、董事长裁决”或者“董事长个人说了算”的民办高校达60%。

民办高校举办者过度控制决策机构局面的形成，一方面是受民办高校办学资源来源结构的影响，另一方面是民办高校举办者固有的“学校是我的”“大家得听我的”等认识所致。⑤针对民办高校董事会成员结构不合理的问题，韩玉亭在研究中建议通过明确董事会的人员规模、确保人员构成具有代表性并在大学章程中约定学校投资方代表比例予以制约。⑥民办高校董事会由举办者、投资方或其代表，学校校长、部门负责人、教师代表，社会各

① 王一涛，刘继安，王元．我国民办高校董事会实际运行及优化路径研究[J]. 教育研究，2015,(10)：31.

② 陈文联．利益相关者视野中民办高校的责任[J]. 国家教育行政学院学报，2011,(4)：46.

③ 王一涛，刘继安，王元．我国民办高校董事会实际运行及优化路径研究[J]. 教育研究，2015,(10)：32.

④ 王一涛，刘继安，王元．我国民办高校董事会实际运行及优化路径研究[J]. 教育研究，2015,(10)：33.

⑤ 周海涛，施文妹．完善民办高校法人治理结构的难题与策略[J]. 江苏高教，2015,(4)：13-16, 95.

⑥ 韩玉亭．民办高校内部治理机制的困境及出路[J]. 高教发展与评估，2017,(1)：18-33, 127.

界人士以及社区、学生家长代表四种类型成员组成，并且董事之间有配偶及三代以内血亲、姻亲关系者，不得超过总名额的1/3。[①]王诺斯、张德祥认为，转变非营利性民办高校控制权局面，关键是消除举办者通过社会资本控制链施加给学校的影响，制约投资者的非财产性权益，将制定学校章程、组建学校董事会的事项从举办者权力中收回，并促使学校控制权社会化、多元化、透明化。[②]推动民办高校控制权转向举办者、经营者共同分享的格局，需举办者适当分权，[③]让包括举办者在内的各利益相关者在董事会成员选择、换届、缺位替补和问责等方面都有话语权，并且平等享有参与学校管理决策的权利[④]。欧亚学院内部管理体制改革也表明，推动权力纵向下放、向分院院长和教师赋权，是增强学校办学活力的一个有力措施。[⑤]

2. 民办高校举办者管理权失范现象

民办高校举办者权力过大，不但妨碍了校长履行职责、干扰学校日常办学秩序，还为其谋取个人利益提供了便利。

首先，民办高校举办者管理权"越位"、任意干涉学校管理、扰乱学校正常教学秩序的现象较为普遍。[⑥]刘根东、王康慧对江苏省民办高校的调查显示，"相当一部分举办者或董事会对学校管理事务介入很深"，董事长对院（校）长难以"放心、放手、放权"。[⑦]虽然民办高校建立了举办者、校长和督导专员（兼党委书记）分权与制衡的"三驾马车"领导管理体制，但是并

① 杨炜长．完善民办高校法人治理结构的现实思考[J].高等教育研究，2005,（8）：54.

② 王诺斯，张德祥．制度创新视域下民办高校分类管理的现实困境分析[J].中国高教研究，2017,（2）：14-18，23.

③ 王一涛．论公益性民办高校产权制度的构建[J].中国高教研究，2010,（9）：61-64.

④ 贾建国．我国民办高校产权的新制度经济学分析[J].中国高教研究，2011,（7）：18-21.

⑤ 胡建波．试点探索民办高校内部管理体制改革[J].中国高等教育，2014,（Z3）：64-66.

⑥ 李国庆，徐波峰．民办学校法人财产权的内涵及其制度保护[J].生产力研究，2007,（2）：62-64.

⑦ 刘根东，王康慧．江苏民办高校法人治理结构存在的问题与对策[J].南通大学学报（社会科学版），2013,（5）：123-129.

没有影响举办者的核心地位，部分民办高校的人事权、财权完全由举办者掌握，校长“既没有人事权，也没有财权”。[①] 校长在学校管理理念和管理方式上与举办者发生分歧时，不能充分行使其教育教学和行政管理职权。[②] 这些权力冲突也导致了举办者与校长关系僵化[③]。

其次，受营利动机驱动，举办者利用控制权在学校不同发展阶段从学校中获取私利。[④⑤] 一些民办高校举办者期待以最小的投入在最短的时间内获得更大的收益[⑥]，或者获得学校财产的部分甚至全部控制权[⑦]。民办高校的创办者们在淘得“第一桶金”之后，并未像人们所预想的那样将盈余的资金和主要的精力投放到以扩充内涵、提高质量为主要目标的轨道上来，既背离了教育的公益性属性，也与民众的期望形成了巨大的反差。[⑧] 民办高校举办者藏匿学校学费收入、从学校中谋取私利、挪用学校经费等侵害学校法人财产权的逐利行为并不罕见。

防止民办高校举办者管理权“越位”或失范，需综合施策。一是需要举办者基于所承担的角色依据规章制度用权。一般情况下，举办者既担任董事长，又是法定代表人。虽然举办者和董事长为同一个人，但其角色、地位和职责是不同的：董事长作为董事会会议的主持者和召集人，要着力把董事会决策什么样的重大问题和怎样决策重大问题解决好。[⑨] 尊重民办高校作为独立的民事主体这一事实，不干预、不约束学校的法人财产权，[⑩] 纠正对董事

① 查明辉．论民办高等教育市场化发展模式的特征[J]．黑龙江高教研究，2011，(2)：68-72.
② 刘侠．我国民办高校产权管理的困境及策略[J]．高校教育管理，2013，(4)：44.
③ 肖俊茹，王一涛．论民办高校法人治理结构的完善[J]．现代教育科学，2011，(1)：23.
④ 周红卫．民办高校控制权私利来源途径和方式的案例研究[J]．中国高教研究，2012，(4)：20-25.
⑤ 李炜．民办高校收入分配制度探讨[J]．财会通讯，2011，(18)：152-154.
⑥ 杨炜长．利益相关者视角下民办高校办学风险的防范[J]．高等教育研究，2012，(9)：52-57.
⑦ 文东茅．走向公共教育：教育民营化的超越[M]．北京：北京大学出版社，2008：49，53.
⑧ 王庆如．民办高校办学效益探析：以陕西高校为例[J]．高教探索，2014，(3)：146.
⑨ 王贤俊，黄金声．协调统筹发展是民办高校的生命线[J]．黑龙江高教研究，2009，(11)：44.
⑩ 杨开太．试析民办高校法人财产权[J]．江苏高教，2011，(4)：84.

长与校长权力范畴的认识误区。二是缺乏有效约束和监督是举办者权力演变的重要原因。[①]制约举办者权力、约束其行为，还应健全民办高校内部治理结构，完善相关规章制度[②]。举办者权力滥用或出现失范行为的另一个重要原因是学校章程未对其行为做出一定规范，或者举办者未按章程规定权限行事，因此，民办高校章程需依法明确界定举办者与校长各自所应拥有的权利与义务，合理划分相互之间的职权范围和工作关系。[③]从制度层面解决举办者权力范围、方式和分配问题，应逐步完善民办高校年检、董事会、校长负责制、监事会等制度[④]，并对举办者干预校长权力等行为予以制裁[⑤]。

3. 民办高校举办者家族化管理问题

举办者家族化管理是我国民办高校中普遍存在的问题。安排家族成员进入学校管理岗位，也是举办者扩大经济收益范围的一种方式，是奖励机制缺失背景下举办者维护自身利益的方式之一。[⑥⑦]家族管理在学校发展初期具有一定的积极作用，比如凝聚力强、决策效率高、管理成本低、内部和谐稳定等。[⑧]随着学校规模扩大，家族式管理的弊端逐渐显现，如家族成员忠诚度逐渐递减、亲情逐渐萎缩、家族成员间的信任度降低、家族成员之间的内耗、管理方法陈旧、融资能力受到削弱、教育教学视野受限等，管理岗位家族成

---

① 王华，王一涛，王德清．民办高校举办者权利的嬗变及回归[J]. 高教探索，2016,（11）：86-91.

② 别敦荣．论民办教育发展的第三条道路[J]. 华中师范大学学报（人文社会科学版），2012,（3）：142.

③ 董圣足，李蔚．论民办高校章程的制定与完善[J]. 高等教育研究，2008,（6）：47.

④ 黄志兵，李艳．“内部人控制”与民办高校董事会治理的完善[J]. 现代教育管理，2009,（8）：86-88.

⑤ 惠向红，李娜．基于利益相关者视角：民办高校决策水平提升路径研究[J]. 中国成人教育，2016,（14）：41-44.

⑥ 文东茅．论民办学校的产权与控制权[J]. 清华大学教育研究，2003,（2）：29-34.

⑦ 文东茅．走向公共教育——教育民营化的超越[M]. 北京：北京大学出版社，2008：210，214，215，74.

⑧ 徐绪卿．我国民办高校家族化的若干问题之探讨[J]. 高等教育研究，2009,（7）：51-56.

员集中导致普通员工对学校管理和运作冷漠。[1][2]决策机构家族化则会导致民办高校决策集中化。[3]

家族制民办学校与一些家族制企业一样，越来越多地表现出“一创、二守、三败”或“一小、二大、三破”的发展规律。[4]因此，许多家族式民办高校逐步向“泛家族化”和“类公司化”转变，[5]学校的控制权结构逐渐从集中走向分散[6]，校长及关键管理岗位实行亲属回避制度的观点也被提出。[7]

二、国外私立高校举办者管理权研究纵览

美国、日本等国家私立高校创建历史较长，举办者参与学校管理经历了一个历史发展过程。在一些新兴国家，私立高校逐渐兴起、市场庞大，举办者参与管理权状况也呈现一定的特点。

相较于我国民办高校举办者，国外私立高校举办者的办学动机多元化特征更为明显，不仅包括回报社会、促进教育发展等目的，还包括宗教、政治等因素。阿特巴赫在研究世界私立教育发展过程中发现了家族制大学（个人或家族团体创建的私立高校）这一类型，并对家族创办大学的动机进行了深入分析。[8]对于个人或家庭创办高校的动机，阿特巴赫认为有两种可能性：一种是慈善心或社会使命感——具有教育理想、有远见的思想家建立了高等教育机构，该机构逐渐演化为家族控制产业。同时，创办学校可以给举办者

---

① 徐绪卿．我国民办高校家族化的若干问题之探讨 [J]. 高等教育研究，2009,（7）：51-56.

② 石猛．当前我国民办高校产权问题探讨 [J]. 中国成人教育，2012,（13）：42-44.

③ 单大圣．非营利性民办学校的困境与出路 [J]. 现代教育管理，2013,（12）：68-71.

④ 明航．论家族制民办学校的内涵和特征——基于新制度经济学视角 [J]. 职业技术教育，2008,（10）：72-75.

⑤ 卢彩晨．家族式民办高校的形成机理与运行保障 [J]. 大学教育科学，2013,（1）：37-41.

⑥ 卢彩晨．家族式民办高校：控制权结构演进与可持续发展 [J]. 国家教育行政学院学报，2012,（10）：37-40.

⑦ 方芳．民办学校法律纠纷折射出的治理问题及其改革 [J]. 现代教育管理，2016,（4）：42-47.

⑧ ALTBACH P G, LEVY D C. 私立高等教育：全球革命 [M]// 国外原版高等教育丛书．青岛：中国海洋大学出版社，2008:29-31.

个人或家族带来荣誉或地位，学校的声望也与举办者联系在一起。另一种情况，尤其是在发展中国家，一些企业家为了营利而创办高等教育机构。该类型举办者常将学校设计成易于家族控制的模式，从而确保连续性并保证收入。在没有高等教育营利机制的国家，举办者将学校运营作为个人及家族的一种就业模式。在个别国家，个人或家庭创办高校也可能是出于政治原因——在学生和其他群体中建立选区办公室、占据政治基地或者通过教育拉动地方经济以维持政治影响力。

（一）举办者参与学校管理的问题与机制

阿特巴赫在对世界范围内私立高校控制权归属的研究中发现，个别私立高校为资助机构“所有”（ownership）。① 一些家族制大学集中化控制、等级制非常明显。这类学校的举办者家族极力从各方面对学校进行控制：家族成员直接参与学校管理，主导学校行政、治理、财务，或者掌握学校的所有权；家族成员占据学校行政管理办公室、学校董事会主要席位。② 巴斯在对私立高校进行案例分析时也发现了举办者过度参与学校管理的现象，并且多数举办者均占据学校 CEO 位置。③ 此外，由于信息不对称等因素，非营利性私立高校举办者抱有营利动机、“掩饰利润分配”的现象也普遍存在。④

在非洲，私立高校与公司类似，学校内部层级安排常常反映的是公司内外的社会关系，如家族、宗教、种族等。人事雇佣关系不是建立在以聘任合

---

① ALTBACH P G. Private higher education: Themes and variations in comparative perspective [J]. PROSPECTS, 1999, 29 (3):310-323.

② ALTBACH P G, LEVY D C. 私立高等教育：全球革命 [M]// 国外原版高等教育丛书 . 青岛：中国海洋大学出版社，2008:29-31.

③ BASSE B. The management practice of higher education institutions: The case in private institutions of higher education (PIHE) in Senegal [J]. Universal Journal of Management, 2015, (1):7-14.

④ CASTRO C D M, NAVARRO J C. Will the invisible hand fix private Latin American higher education? [M]//ALTBACH P G. Private Prometheus: Private Higher Education and Development in the 21st Century. London: Greenwood press, 1999: 54.

同为基础的商业关系之上，而是举办者与员工之间的相互依赖关系，即员工对举办者效忠、举办者给予员工保护。这种种族或家族式招聘，使得举办者可以通过迫使下属忠于自己来独立承担相关责任。对被雇佣者缺乏信任是举办者管理人员干涉学校事务管理的主要动机。非洲私立高校举办者是学校收益的主要接收者，学校净收入相关信息是一个禁忌话题。①

对哥伦比亚 204 所非营利性私立高校内部治理结构的调查研究发现，大部分私立高校创设了具有最高管理权的治理主体，该主体代表的集合一般由 16 名成员组成，可以任命和控制董事会成员。这种治理主体并没有固定的名称，比如监事会、代表大会等。这些治理委员会具有指定董事会过半席位、监督学校目标执行情况、批准修改章程、制定外部审计员、批准年度财务报告并保护学校财务资产、批准学校解散等权力。其成员一般包括举办者、捐助者、名誉人士、普通成员、其他治理主体选举的成员、从学校社区选取的成员，其中，举办者的权力最为凸显。其分析发现，这种治理主体可以导致权力过大的委员会，其中一个明显的特点就是具有终身所有权的举办者捐助人能够干涉学校的日常运营。其研究中，92.2% 的私立高校举办者是委员会成员，捐助人、名誉人士、普通成员、社区代表等其他成员大部分由举办者或举办者代表选取，仅 4.5% 的私立高校的治理委员会主体不受举办者指派、选取或任命。这种模式便于举办者实际控制学校，举办者、捐助人利用职务之便推荐关系亲密的朋友进入学校董事会可能会产生寻租行为，或者由于这些外部人士缺乏知识或经验导致举办者做出错误决策。

在日本，根据法律，运行私立高校必须设立法人教育公司，教育公司必须成立董事会，一些事务由董事会决定，但是举办者依然可以通过影响董事

① BASSE B. The management practice of higher education institutions: The case in private institutions of higher education (PIHE) in Senegal [J]. Universal Journal of Management, 2015, (1):7-14.

会决策来参与学校管理。[①] 日本学者根据内部管理组织特点，将当前日本私立高校管理组织分为四种类型：经营主导型、经营・教学协调型、外部董事长型和教师主导型。在经营主导型私立高校中，董事长和校长一般由从事管理经营活动出身的创办者兼任，此类学校约占日本私立高等院校的 21.9%；在经营・教学协调型私立高校中，董事长多为从事管理经营活动出身的创办者担任，此类学校在日本私立高校中的比例最高，约为 34.2%。[②] 山崎、博敏等人对日本 1987 年之前成立的私立高校中举办者或举办者亲属担任学校董事长的现象进行了调查，以此透视日本私立高校治理问题（见下表 01-2）。[③]

表 01-2　日本私立高校中举办者及其亲属担任董事长的学校比例（1987 年）

设置年	创设者	配偶、子孙等	合计
—1949	1.2	9.3	10.5
1950—1959	2.1	17.0	19.1
1960—1969	13.4	25.4	38.8
1970—1979	22.0	26.8	48.8
1980—1987	36.4	45.5	81.9
合计	10.3	20.7	31.0

在韩国，很多私立高校的董事会和校长之间有密切联系。很多情况下，创办学校的董事或者家族与学校举办者以及其他社会背景的代表之间具有密

① NATSUME T. Japan: Private institutions of higher education [M]//JOSHI K M, PAIVANDI S. Private higher education: A global perspective Edited By: K.M.Joshi & Saeed Paivandi. 2015:226.

② 广岛大学大学教育研究中心，《大学论集》第 25 集 1995 年度（日文版）. 转引自黄福涛 . 国际私立高等院校管理模式研究——历史与比较的视角 [J]. 清华大学教育研究，1999,（3）：49-57.

③ 山崎，博敏，ヤマサキ，ヒロトシ，YAMASAKI H. 大学法人理事会の役割構成とその構造変化 [J]. 大学論集，1996，25:303-320.

切关系。①

（二）私立高校举办者管理权演变趋势

从私立高校历史发展和国别比较的角度看，各国私立高等院校管理模式的形成历史是一个不断变化的过程②。在私立高等教育形成的最初阶段，院校往往是由集创办者、管理者与教学者等为一身的个人或极少数人所支配。各国私立高校不同管理模式的形成受多方面因素的影响。有的国家的私立高校管理模式更多地是受传统文化制约，有的国家则与私立院校的资金来源有关，还有的国家的私立高校管理模式与其政治制度或立法联系密切。因此，不能简单地认为经费来源或举办者的地位和性质是决定私立高等院校管理模式的唯一因素。由于学校成立时间、办学层次、院校性质以及举办者的动机等不同，即使在同一个国家的私立高等院校系统内部，私立高等院校的管理模式也有一个发展变化的过程，存在着多种不同的管理类型。

在日本或韩国等国家，私立高校举办者和所有者可以是个人或者由家族所有的有限集团的董事会，学校所有权拥有者可以长期占据学校的控制权，并任命其继承者。安德鲁在研究中分析了菲律宾私立高校三代举办者的特点及其与学校之间关系的变化。③在菲律宾，私立高校既可以注册为能够发行股票的公司，也可以注册为不发行股票的非营利性组织，即基金会。早期注册为可发行股票公司的私立高校，其举办家族已发展至第三代。第一代举办者多为教育家或一些受过高等教育的开明企业家。这些举办者投入个人财产，邀请家族人员入股，在公司开始盈利之后，向持股人分红。家族的第二代举

① Shin J C. Changing governance and management of higher education in South Korea [J]. Lhmartininstitute.edu.au.

② 黄福涛．国际私立高等院校管理模式研究——历史与比较的视角 [J]. 清华大学教育研究，1999,（3）：49-57.

③ GONZALEZ A. Private higher education in the Philippines: private domination in a developing country. [M] //ALTBACH P G, ed. Private Prometheus: Private Higher Education and Development in the 21st Century. London: Greenwood press,. 1999:109-110.

办者在教育背景、思维、价值观念方面与第一代举办者有明显区别，其中有些举办者对办学没有兴趣，而是将学校的管理转交给专业的教育人士，但是仍担任学校董事会的董事长。第三代家族成员中，已经很少有人对学校运行感兴趣，具有清算学校资产的打算，而一些具有利他主义思想的家族成员，则选择将学校转交给教会或世俗机构等团体以恢复或维持学校作为教学机构的声誉。后一种情况下，这些私立高校有可能从营利性的债券公司转变为不发行股票的非营利性基金会。

第三节　问题切入与实证取向

一、重点问题

本研究重点关注民办高校举办者管理权的现状与问题，在此基础上探索保障和规范民办高校举办者管理权的基本思路和路径，最终为优化民办高校内部治理秩序提供参考。具体研究问题如下：

（1）民办高校举办者的管理权总体水平如何？民办高校举办者管理权各层面即组织与制度建设管理权、财务管理权、人事管理权和教学科研管理权水平如何？

（2）不同背景特征变量民办高校举办者的管理权水平是否存在显著差异？不同背景特征变量民办高校举办者各层面管理权水平是否存在显著差异？

(3)民办高校举办者在行使管理权过程中有哪些问题？主要原因是什么？

（4）在权力来源与制约理论视角下，优化民办高校举办者管理权的基本思路是什么？完善的路径措施有哪些？

二、概念构建

（一）访谈法

本研究围绕民办高校举办者管理权的内涵、现状、问题、完善途径等主题展开访谈，通过从相关群体中收集资料，一方面为构建民办高校举办者管理权概念框架提供数据支撑；另一方面为辩证分析民办高校举办者管理权的现状，尤其是问题提供实证基础，为提出完善民办高校举办者管理权运行机制的建议提供思路。

1. 访谈对象与抽样方法

本研究以举办者为直接调查对象，但综合考虑调研对象的可及性、研究问题的特殊性以及举办者与民办高校其他管理人员的关系，将访谈对象从举办者群体扩展至董（理）事会成员、校长、党委书记等知情群体。（表 01-3）此外，鉴于在《民办教育促进法》修正案实施前夕，各地教育厅（委）对本省（直辖市、自治区）民办学校进行摸底调查和意见征集等调研工作，研究将访谈对象延伸至地方民办教育主管部门负责人，从其角度了解民办高校举办者管理权存在的问题及其对优化举办者管理权的建议。鉴于研究问题的特殊性，主要采取方便抽样这一非随机抽样的方法，即根据研究者个人的判断而非总体完整的名单随机抽取样本。一是通过 2017 年 4 月举办的分类管理政策解读培训班，研究者先后联系了 15 个省市教育厅（委）民办教育主管部门负责人，其中有 9 位同意接受访谈。二是通过 2012 年 11—12 月举办的“教育部第 1 期全国民办教育创新与发展专题研究班”通讯录，联系民办高校举办者或校级管理者，邀请其接受访谈。这种方法固然有缺陷，如样本的选择可能因调查者的个人原因产生偏差、样本不能很好地代表总体，等等，但由于花费小、成功率高、便利性强，是研究者快速获取信息的重要途径。

表 01-3　访谈对象信息表

序号	访谈对象	时间	身份	地区
1	YC	0824	民办高校举办者、校长	山东
2	GCH	1127	民办高校举办者、董事长	贵州
3	HB	1121	民办高校举办者、校长	河北
4	AHH	1014	民办高校举办者、董事长、校长	安徽
5	XY	0813	民办高校举办者	河南
6	SR	0824	民办高校校长助理、研究人员	浙江
7	YX	1013	民办高校党委书记	浙江
8	NY	1009	民办高校副校长	宁夏
9	HT	1022	民办高校副校长	广东
10	HY	1128	民办高校校长、党委书记	浙江
11	SHX	0419	省教育厅民教处负责人	陕西
12	HN	0418	省教育厅民教处负责人	湖南
13	JS	0420	省教育厅民教处负责人	江苏
14	SCH	0419	省教育厅民教处负责人	四川
15	SHD	0420	省教育厅民教处负责人	山东
16	HB	0419	省教育厅民教处负责人	湖北
17	GS	0418	省教育厅民教处负责人	甘肃
18	SHH	0420	市教委民教处负责人	上海
19	GZH	0420	省教育厅政策法规处负责人	广东

2. 访谈提纲与过程

访谈前，研究者与受访者预约时间、地点，并介绍访谈的目的、主要内容，以及信息保密原则。在征求受访者同意的情况下，对访谈过程进行录音。

为确保研究信效度和研究结果的真实性，本研究在全国范围内选取访谈对象，最大程度地确保访谈对象的典型性和代表性；在资料收集过程中，保持开放性和信息敏感度，以获取更深度的资料。资料收集过程中涉及研究伦理问题。所有访谈都基于自愿原则和保密原则，并尽可能满足被访谈者参与访谈的要求（如提供研究资料、反馈研究发现等）。除此之外，对于被访谈者在访谈中涉及的个别观点，事后表示不愿被研究采用，研究者也尊重其意愿，不在数据分析中原貌呈现。

访谈提纲主要围绕民办高校举办者管理权展开，并根据访谈对象信息掌握情况有所侧重。适用于民办高校举办者和学校校级管理者的访谈提纲，基本问题如下：

①新修订的《民办教育促进法》要求“民办学校的举办者根据学校章程规定的权限和程序参与学校的办学和管理”，对此您有什么看法？

②贵校举办者（您）对学校的管理主要涉及哪些方面？

③贵校举办者（您）平时是如何对学校进行管理的？

④贵校举办者（您）在学校管理过程中有哪些问题？

⑤您认为举办者应如何参与学校管理？

适用于地方民办教育主管部门负责人的访谈提纲，基本问题如下：

①新修订的《民办教育促进法》要求“民办学校的举办者根据学校章程规定的权限和程序参与学校的办学和管理”，对此您有什么看法？

②根据您的了解，民办高校举办者对学校的管理主要涉及哪些方面？

③您所了解到的民办高校，其举办者在学校管理过程中有哪些问题？

④您认为举办者应如何参与学校管理？

⑤您认为应如何规范民办高校举办者的管理权？

3. 资料整理与分析

（1）访谈资料录入

将已录音的访谈转录为文本，对未许可录音的访谈进行笔记整理，共形成文本资料约 12 万字，平均每位被访谈者的文本资料 0.63 万字。对每一份访谈文本进行基于学校名称或省份和访谈时间进行编号，如 HB0419 表示在 4 月 19 日对湖北省民办教育主管部门某位负责人的访谈。将经过编号的 Word 格式文档导入质性分析软件 Nvivo11.0，形成内部资料，作为主要研究资料，如图 01-3 所示。Nvivo 是帮助研究者实施定性分析技术，以对研究资料进行管理、整理和编码的计算机辅助软件（QSR International，2014）。[①]Nvivo11.0 有着强大的编码功能，可以对研究资料化繁为简，使研究者迅速获取研究资料的关键信息点。同时，其备忘录栏目可供研究者记录研究思路和补充分析内容。

图 01-3　Nvivo11.0 内部资料示例图

（2）访谈资料编码与概念框架形成

在本研究的初期阶段，民办高校举办者管理权关键概念并不清晰，而采用质性研究方法的主要目的是明确研究概念，形成概念框架，为后续量化研究假设提供基础。因此，本研究采取开放式编码的方式，利用 Nvivo11.0 在

① QSR International. Nvivo 10 for Windows 使用入门[EB/OL]. http://119.90.25.25/download.qsrinternational.com/Document/NVivo10/NVivo10-Getting-Started-Guide-Chinese.pdf,2014-12-11.

原始访谈资料文本基础上进行编码，提取原始信息点，产生节点，继而整合形成节点系统。（图 01-4）节点类似于范畴或类别，主要用于分解、比较、区分原始资料，形成初步的民办高校举办者管理权概念框架。

首先，阅读访谈资料，进行开放式编码，共得到节点 64 个。其中，一段文字可能同时涵盖不同节点，则在不同节点下都予以标记。其次，对各节点名称及其所涵盖内容进行比对，对相似节点进行合并，对节点名称做相应修改。接着，对不适合的节点予以合并，但意义相近的节点进行关系调整，形成具有从属关系的节点。最后，结合管理活动要素理论对管理内容的划分，在树状节点基础上，提取更具有抽象意义的核心要素，即“组织与制度建设管理权”“财务管理权”“人事管理权”和“教学科研管理权”四个维度。

名称	材料来源	参考点	创建人	创建日期
财务管理	7	7	SSJ	2019/6/8
资源把控	2	2	SSJ	2019/6/8 14
审计	2	2	SSJ	2019/6/8 15
大额支出	2	3	SSJ	2019/6/8 22
预决算	2	2	SSJ	2019/6/8 22
经济风险	1	1	SSJ	2019/6/8 14
运营筹资	1	1	SSJ	2019/6/8 14
招标采购	1	1	SSJ	2019/6/8 22
人事管理	4	4	SSJ	2019/6/8
中层以上人员选聘、任用	5	7	SSJ	2019/6/8 14
校长人选	3	4	SSJ	2019/6/8 15
董事会人选	3	3	SSJ	2019/6/8 15
考核	1	1	SSJ	2019/6/8 22
教师总量	1	1	SSJ	2019/6/8 22
教学科研管理	2	2	SSJ	2019/6/8
办学定位	2	3	SSJ	2019/6/8 14
教学科研	2	2	SSJ	2019/6/8 15
招生	1	1	SSJ	2019/6/8 22
组织与制度建设管理	1	1	SSJ	2019/6/8
做决策	7	7	SSJ	2019/6/8 14
规章制度	5	5	SSJ	2019/6/8 14
董事会	4	5	SSJ	2019/6/8 14
学校规划	3	4	SSJ	2019/6/8 15
组织机构变革	1	1	SSJ	2019/6/8 15
监事会	1	1	SSJ	2019/6/8 22
党建	1	1	SSJ	2019/6/8 22
管理体制	1	1	SSJ	2019/6/8 23

图 01-4　Nvivo11.0 节点系统示例图

（二）问卷法

问卷调查可以为研究提供翔实的数据支撑，尤其是在我国民办高校数量较多、地域分布较广的情况下，有助于对调研对象进行大范围、跨区域调查。本研究从举办者的组织与制度建设管理权、财务管理权、人事管理权、教学科研管理权 4 个方面，以全国民办高校举办者以及其他管理者为调查对象，展开问卷调查。一方面了解当前民办高校举办者管理权的总体现状，另一方面了解不同背景特征变量民办高校举办者管理权在各个方面的差异。最终为形成完整的民办高校举办者管理权框架以及研究结论、建议提供实证基础。

1. 问卷编制与实施

（1）问卷编制

本研究的主要工具为自编《民办高校举办者管理权调查问卷》。问卷采用李克特式五点计分法（Likert scale-5），由被试对题项描述与学校举办者实际情况的符合程度选填。

参照已有研究文献和相关理论，基于前述访谈资料分析，将“民办高校举办者管理权”分为组织与制度建设管理权、财务管理权、人事管理权、教学科研管理权 4 个核心概念，并根据访谈资料处理结果以及民办高校内部管理事项，将各个概念进一步具体化。问卷经相关专家多轮评议、修订而成。其中学校组织与制度建设管理权包括核心机构设置权、学校发展规划权、制度建设权 3 个方面，共 15 题；财务管理权包括预决算管理权、收支管理权、项目和资产管理权、风险管理权 4 个方面，共 18 题；人事管理权涉及高层管理者任免权、中层以下人员管理权、人事规划权、人事制度制定权 4 个方面，共 21 题；教学科研管理权包括总体规划权、教学监管权、科研监管权 3 个方面，共 16 题。整个量表核心部分共 4 个方面、70 道题。

（2）问卷发放

选取民办高校（不包括独立学院）的举办者、校长、董事长、党委书记以及其他熟悉举办者参与学校管理情况的学校内部知情人作为调查对象。问卷由研究者在2017年8—12月期间利用民办教育相关会议以及民办高校高层管理者的联系方式向民办高校举办者和其他高层管理者发放纸质问卷或者通过电子邮箱、短信、微信等发送在线问卷链接。

（3）问卷回收

Airasian等认为，问卷调查的正式样本数至少要占其总体的10%，若是总体人数少于500，则分析样本数最好占总体的20%以上。[①]根据教育部公布的2016年全国教育事业发展统计公报，截至2016年，全国共有民办高校476所（不含独立学院）。此外，我国单个举办者创办多所民办高校的现象也的确存在。因此，可以估计全国民办高校举办者数量在500以内。考虑到当前民办高校内部治理规范性欠缺的现状，又恰逢分类管理改革启动初期，本次调查主题“举办者管理权”具有一定的敏感性，在实施调研过程中一定程度上受到举办者或其他知情群体的排斥，导致问卷发放和回收的难度较高。本研究调研对象主要是民办高校举办者以及了解举办者参与学校治理情况的校长、党委书记、董事长等高层管理者，对于副校长、副书记、校长助理、理事等作答者，在向其发出邀请时会确认其充分了解学校举办者参与学校治理的情况，从而确保作答情况真实。样本中基本保证1所学校1份问卷，即1份问卷代表1个学校案例，最终共回收问卷150份，样本量约占研究群体总量的30%。

有效样本覆盖了浙江、贵州、重庆、四川、陕西、吉林、湖南、北京、山东、安徽、河南、广东、宁夏等省市，足以真实地反映出我国民办高校举办者管理权现状的总体属性和特征。

2. 问卷检验

（1）录入和处理

在正式处理数据之前，对有效问卷进行编码，采用SPSS20.0专业教育统

---

① AIRASIAN P W, GAY L R. Educational research: Competencies analysis and application(7th.)[M] Englewood Cliffs N J: Prentice-Hall, 2003: 46.

计软件进行数据录入，同时命名变量标签、设置变量类型；录入后逐一核对，保证较低的录入错误率。在 SPSS20.0 统计分析软件中设置缺失值，例如将性别、年龄、年级、专业等人口统计学变量的缺失值设置为“未作答”，统计软件将自动视其为缺失值处理。

本研究中，民办高校举办者管理权水平通过样本作答值体现。在统计分析中，将受试者的作答结果进行相应赋值，即将“完全符合”“比较符合”“基本符合”“不符合”“完全不符合”分别赋值为“5”“4”“3”“2”和“1”，并使用赋值后的平均值来表示举办者管理权程度，均值的大小代表权力水平的高低。

通过 SPSS20.0 中的 Compute 命令依次求出民办高校举办者管理权各维度的均值得分以及各维度下亚维度均值得分：

组织与制度建设管理权 =（a1 to a15）/15，其中核心机构设置权 =（a1 to a4）/4，学校发展规划权 =（b5 to b9）/5，制度建设权 =（b10 to b15）/6；

财务管理权 =（b1 to b18）/18，其中预决算管理权 =（b1 to b4）/4，收支管理权 =（b5 to b10）/6，项目和资产管理权 =（b11 to b14）/4，风险管理权 =（b15 to b18）/4；

人事管理权 =（c1 to c21）/21，其中高层管理者任免权 =（c1 to c5）/5，中层以下人员管理权 =（c6 to c12）/7，人事规划权 =（c13 to c16）/4，人事制度制定权 =（c17 to c21）/5；

教学科研管理权 =（d1 to d16）/16，其中总体规划权 =（d1 to d4）/4，教学监管权 =（d5 to d10）/6，科研监管权 =（d11 to d16）/6。

（2）项目分析

项目分析是探究高低分受试者在每个题项上的差异或进行题项间同质性检验，主要目的在于检验编制的量表或测验个别题项的适切性或可靠程度。项目分析的结果可作为筛选或修改个别题项的依据。

采用 SPSS20.0 专业统计软件进行数据录入，并对数据结果进行项目分析。结果显示，问卷中所有题项的 t 值均达显著（$P < .05$），表明 70 个题项均具有较高的鉴别度，均能鉴别出不同受试者的反应程度。

（3）效度分析

效度一般指测量工具能够测到该测验所欲测的心理或行为特质到何种程度。效度分类包括内容效度、效标关联效度和建构效度三种。内容效度是量表内容或题目的适切性与代表性，即测验内容能否反映所要测量的心理特质，能否达到测量的目的或行为构念，一般通过专家判断、经验检验和折半信度等统计方法来评估；效标关联效度指测验与外在效标间关系的程度，反映的是测验预测个体在某种情境下行为表现的有效性程度，效标关联效度常通过计算测验分数与效标测量的相关性和考察测量结果能否区分成为效标测量所定义的群体等方法来评估；建构效度是指量表能够测量出理论的特质或概念的程度，也就是实际的测量分数能够对某一心理特质解释多少，一般通过内容效度和效标关联效度来评估建构效度，当一个测量工具的内容效度和效标效度较好时，该工具的建构效度也比较好。[①] 因此，测量工具的效度最关键在于内容效度和效标关联效度评估。

在内容效度评估方面，本研究采用近年来学界倡导的专家效度中的“德怀术”分析方法，即在编制好量表后请民办高校内部管理者、民办教育研究专家以及具有民办教育学术背景的学者等组成的专家小组加以检视。专家小组根据各构念逐一检视所含题项，判断题项内容是否真正测出构念所代表的心理特质或所包括的内涵，看词句是否适切并提供修改意见。根据专家组的意见，修正不适合题项，再编制新的问卷直至定稿，通过保证本研究量表的专家效度，来确保量表的内容效度。[②]

① 吴明隆．问卷统计分析实务——SPSS 操作与应用 [M]. 重庆：重庆大学出版社，2010：194-195.

② 吴明隆．问卷统计分析实务——SPSS 操作与应用 [M]. 重庆：重庆大学出版社，2010：195-196.

通过因子分析，该问卷总体的 KMO 值为 0.867，通过 Bartlett 的球形度检验，显著性 sig=0.00 < 0.001，适合做因子分析。表 01-4、01-5 分别呈现了民办高校举办者管理权中组织与制度建设管理权、财务管理权、人事管理权和教学科研管理权四个维度因素负荷量以及各维度之间的相关性，分析结果可知本问卷的各个子量表都满足标准。可以说，本问卷具有良好的效度。

表 01-4　民办高校举办者管理权各维度因素负荷量

组织与制度建设	财务	人事	教学科研
.803	.887	.919	.706

提取方法：主成分分析。

表 01-5　民办高校举办者管理权各维度间的相关性

	组织与制度建设	财务	人事	教学科研
组织与制度建设	1			
财务	.739**	1		
人事	.628**	.719**	1	
教学科研	.271**	.452**	.690**	1

注：** 代表在 .01 水平（双侧）上显著相关。

（4）信度分析

信度是指测验或量表工具所测得结果的稳定性及一致性，量表的信度愈大，其测量标准误愈小。在李克特量表中常用的信度检验方法为 Cronbach’s Alpha 系数及其折半信度。如果一个量表的信度值愈高，代表量表愈稳定。社会科学领域对可接受的最小信度系数值的看法未尽一致，学者 De Vellis、Nunnally 等人认为 0.70 以上是可接受的最小信度值。（表 01-6）

表 01-6　量表信度系数值[①]

内部一致性信度系数值	维度或构念	整个量表
0.70 ≤ α < 0.80	佳（信度高）	可以接受
0.80 ≤ α < 0.90	理想（甚佳，信度很高）	佳（信度高）
A > 0.90	非常理想（信度非常好）	非常理想（甚佳，信度很高）

本研究分别对组织与制度建设管理权、财务管理权、人事管理权和教学科研管理权维度及各维度的亚维度进行信度分析。如表 01-7 所示，各维度及亚维度的内部一致性系数 α 系数均大于 0.8，证明问卷都具有良好的信度。

表 01-7　信度统计量

层面	Cronbach's Alpha 值	以标准化项目为准的 Alpha 值	项目个数
核心机构设置权	.766	.768	4
学校发展规划权	.817	.825	5
制度建设权	.852	.854	6
组织与制度建设管理权	.918	.920	15
预决算管理权	.790	.797	4
收支管理权	.896	.897	6
项目和资产管理权	.866	.867	4
风险管理权	.869	.870	4
财务管理权	.954	.955	18
高层管理者任免权	.881	.885	5

① 吴明隆.问卷统计分析实务——SPSS 操作与应用 [M].重庆：重庆大学出版社，2010：244.

续表

层面	Cronbach's Alpha 值	以标准化项目为准的 Alpha 值	项目个数
中层以下人员管理权	.921	.921	6
人事规划权	.890	.890	4
人事制度制定权	.888	.888	6
人事管理权	.946	.944	21
总体规划权	.940	.941	6
教学监管权	.929	.929	6
科研监管权	.928	.928	4
教学科研管理权	.972	.972	16

三、研究路线

本研究立足民办高校发展现状与内部治理实际，在梳理相关研究的基础上，以管理要素理论、权力来源与制约理论为指导，在民办高校举办者以及高层管理者、地方主管部门负责人等相关群体中围绕民办高校举办者管理权现状进行实证研究。通过对民办高校举办者、民办高校管理者以及地方教育主管部门的访谈，构建民办高校举办者管理权的基本框架；采用问卷法对民办高校举办者管理权水平进行测量，并分析不同背景特征变量民办高校举办者管理权的差异以及可能存在的问题；以访谈资料佐证并深入剖析民办高校举办者管理权存在的问题与成因；以权力基础与制约理论为导引，探索优化民办高校举办者管理权的基本逻辑和实现路径。研究路线如图 01-5 所示。

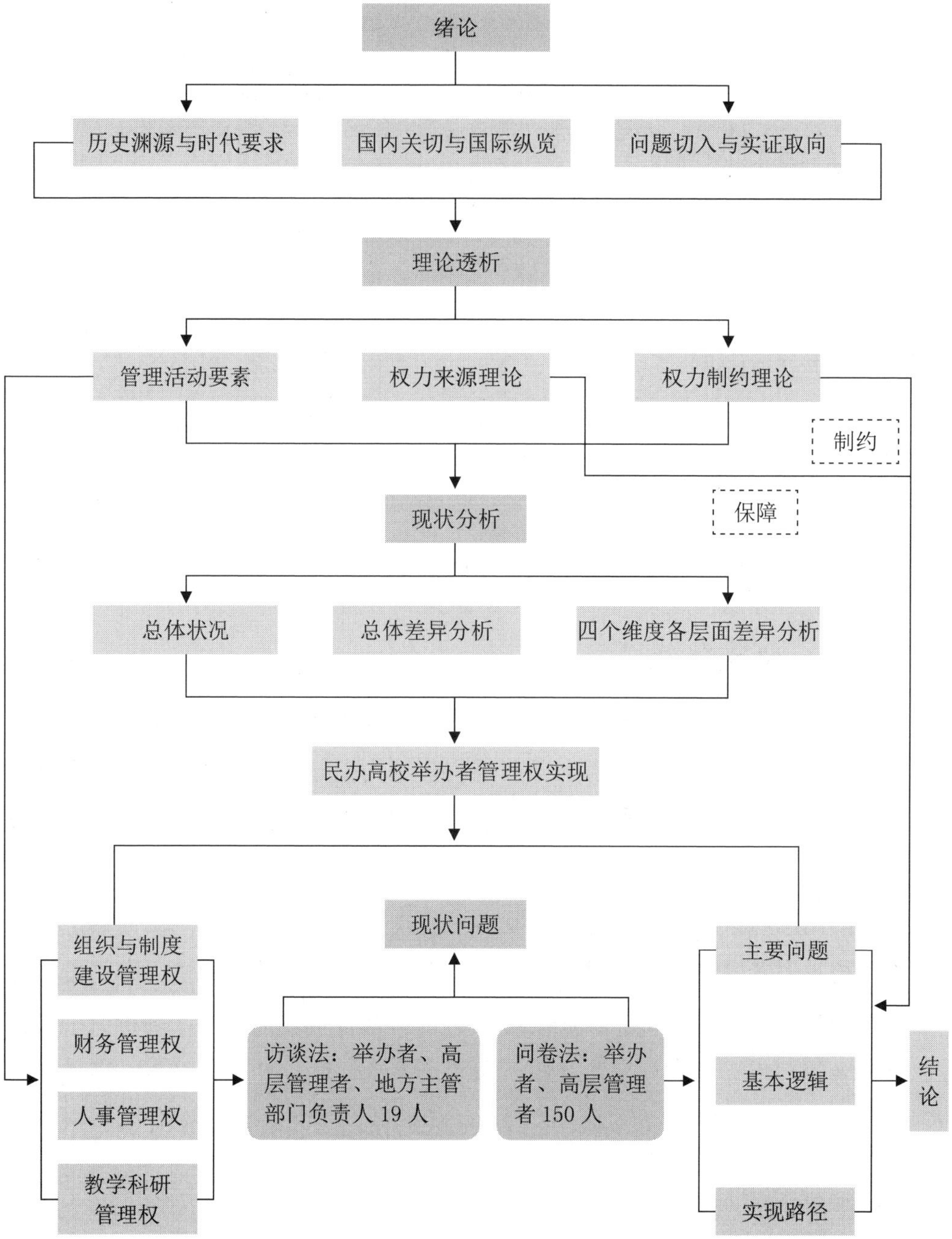
绪论
历史渊源与时代要求
国内关切与国际纵览
问题切入与实证取向
理论透析
管理活动要素
权力来源理论
权力制约理论
制约
保障
现状分析
总体状况
总体差异分析
四个维度各层面差异分析
民办高校举办者管理权实现
现状问题
组织与制度建设管理权
财务管理权
人事管理权
教学科研管理权
访谈法：举办者、高层管理者、地方主管部门负责人 19 人
问卷法：举办者、高层管理者 150 人
主要问题
基本逻辑
实现路径
结论

图 01-5　研究路线图

第一章

民办高校举办者管理权的理论透析

本章基于管理活动要素相关理论观点，廓清举办者管理权的核心内容，同时为后面探讨举办者管理权存在的问题及其成因提供思路；依据权力来源以及制约相关理论观点，一方面奠定了探讨举办者管理权逻辑遵循与实现路径的辩证视角，另一方面为分析举办者管理权逻辑遵循与实现路径具体举措提供了思路。针对研究问题与待验证的研究假设，确定了访谈与问卷调查相结合的研究方法。

第一节 管理活动要素

一、观点概述

管理主体、手段和客体是管理活动的三大要素。这三大要素有机结合并相互作用，共同构成管理活动实践。（图 1-1）

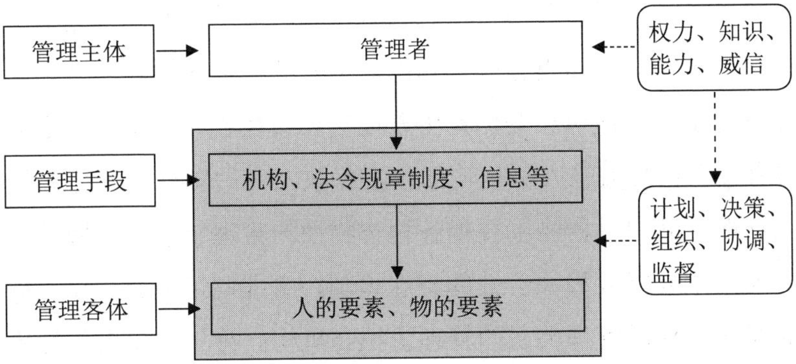

图 1-1 管理活动三大要素关系图

（一）管理的主体和手段

管理主体即管理者，是人，在不同的领域和行业有不同的理解。比如，在政治领域，管理者一般指政府官员；在企业，一般指经理、厂长等。管理哲学所称的管理者较为概括和抽象，是相对于管理客体的管理活动的主体，是组织并运用一定的人力、物力、财力和知识、信息等资源或手段作用于管理客体、实现管理目标的组织者，是管理活动的主导力量。① 我国学者齐振海认为管理主体是“具有管理科学知识和技能、拥有相应权力、从事管理活动的人”②。管理主体在管理活动中承担一定的职责，因此，必须具备一定的素质和权威。成一丰认为管理者一般具备较高的政治素养和道德素养、专和博统一的知识结构、较强的管理能力、高度的民主作风。③ 管理者必须具备较强的观察力、记忆力和逻辑思维能力，决策能力和创新应变能力，控制和自制能力，除此之外还应具有一定的权威。④ 张正霖等人认为，管理者必须具有相应的支配别人的权力，知识、能力、威信，这是管理主体必备的四重规定性，缺一不可。⑤

管理主体相对于管理客体而存在，必须依托于一定的组织。⑥ 管理主体对管理客体发生作用，必须借助一定的手段即管理手段。管理手段，又称管理介质，是联结管理者和管理对象使其相互作用的媒介系统。成一丰认为管理手段包括物质技术系统和知识信息系统，其中物质技术系统包括通讯设备和技术、信息处理技术和设备等，知识信息系统包括各种观念理论，并且进一步指出管理手段的作用和变化是由管理对象的性质和变化所决定的，是一个动态系统。⑦ 崔绪治等人从传输的角度将狭义上的管理媒介分为器物、制度和符号三类。其中，器物主要指各种实物性的管理装备、器械、工具等物质条件；制度主要指各种社会性的管理体制、章程、纪律、法规、规则、程序等，包括集中体现管理关系的管理组织和机构；符号主要指各种象征性的

---

①③　成一丰．管理哲学概要[M]．西安：陕西师范大学出版社，1991.

②　齐振海，袁贵仁．管理哲学[M]．北京：中国社会科学出版社，1990：50-51.

④　杨伍栓．管理哲学新论[M]．北京：北京大学出版社，2011：49.

⑤　张正霖等．管理哲学[M]．北京：企业管理出版社，1993：113.

⑥　王德清，么加利．管理哲学[M]．重庆：重庆大学出版社，2004：77-78.

⑦　成一丰．管理哲学概要[M]．西安：陕西师范大学出版社，1991：49.

管理语言、手势、信息、形象等。[①] 刘文修在教育管理哲学研究中基于教育管理的情境将管理手段进一步具体化，指出管理手段包括机构、法律即法令规章制度、人、信息。[②]

（二）管理的客体

客体是主体有目的、有计划作用的对象，管理客体是管理主体所作用的对象。一般来讲，管理客体有其具体的规定。泰罗认为管理的客体包括人、财、物三个要素，[③] 并获得了大多数管理人和管理学家的认同。[④] 有学者将管理客体分为人、物或人、物、环境三个要素。[⑤⑥] 随着人们认识到时间和信息在管理中的重要性，管理客体扩展至五要素。苏联学者则在此基础上又加上"士气"和"方法"，提出"七要素说"。官鸣认为，人、财、物是时间、信息等其他要素的物质载体，理应是管理客体实体结构中的基本要素。[⑦] 史璞认为，管理的对象包括人、财、物、时间、信息、技术、形象。其中人、财、物、时间、信息与前述学者观点相似；"技术"指的是在生产时间经验和科学原理基础上形成的方法、技能和工具的体系，包括发明、发明的完善、实现工业化三个步骤。但他同时认为，从管理对象系统机构的角度看，管理对象系统结构中最基本的要素是人、组织、环境。[⑧] 我国学者张正霖认为，既然管理是管理主体按照某种预定目的去计划组织、指导、控制某一实践活动的特殊实践，那么被计划、组织、指挥、控制的实践活动则是管理的客体。这种客体不是通常意义上消极被动的静态客体，而是特殊意义上积极能动的

---

① 崔绪治，徐厚德．现代管理哲学[M]．合肥：安徽人民出版社，1991：177-178.
② 刘文修．教育管理学[M]．石家庄：河北教育出版社，1996：3.
③ 杨伍栓．管理哲学新论[M]．北京：北京大学出版社，2011：72.
④ 袁闯．管理哲学[M]．上海：复旦大学出版社，2005：43.
⑤ 崔绪治，徐厚德．现代管理哲学[M]．合肥：安徽人民出版社，1991：158.
⑥ 石良柏．管理哲学[M]．合肥：安徽人民出版社，1990：61.
⑦ 官鸣．管理哲学[M]．北京：知识出版社，1993：62.
⑧ 史璞．管理学哲学[M]．北京：机械工业出版社，2006：20.

动态客体，既包括实体性因素人、财、物，也包括非实体性的功能性因素和结构因素，比如人的思想状态、活动方式、人员的组织结构、人与人的信息沟通以及被人控制的时空等。[①]因此，管理客体系统的构成也被宏观的概括为人的要素和物的要素：人的要素包括被管理者、人的思想、人的行为、人员组成、人际关系等，物的要素包括物资、资金、环境、时间、空间、信息等。[②]

张正霖对管理客体系统中的主要因素进行了详细的阐述和分析。（1）人的思想。被管理者的思想虽然是一种无形的精神，但是对于管理者同样具有可知性和客观对象性。管理主体必须自始至终了解被管理者的意愿、控制他们的情绪、激励他们的热情、培养他们的才智、同化他们的观念，使被管理者成为可预测、可感知、可跟踪控制的对象。（2）人的行为。个人一旦进入管理领域，同管理者发生关系，其活动就不再是完全自主的，而是成为管理主体支配的对象性客体。被管理者做什么、如何做、为什么做都要由管理者决定。（3）人员结构。管理客体要素不仅包括被管理人的思想、活动，还包括人与人的组合方式或组织状态，也就是人员组织结构。（4）人际关系。人际关系指组织内人与人之间的关系，而管理在一定意义上就是调整组织关系、维持组织和谐的调节活动，因而人际关系也就成为管理的对象。（5）物资。在经济学中，物资是人类物质生产和生活不可缺少的自然资源、生产资料和生活资料。为了保护这些资源不被破坏和浪费，需要对其进行人为控制，即资源管理。（6）资财。资财是资金和物资的价值表现。要正确认识和合理使用物质资料的价值，必须合理地聚财、生财、用财，进行财务管理、财政管理和金融管理。（7）组织环境。组织环境是存在于管理系统之外又影响管理系统的一系列因素的综合，包括生态环境、社会经济环境、政治法律环境等。一方面环境作为管理系统的存在条件，是既定的、外在的“编外因素”；另

① 张正霖，帅重庆，张靖若．管理哲学[M]．北京：企业管理出版社，1993：130.

② 何捷一．管理哲学通论[M]．武汉：湖北人民出版社，2009：33.

一方面，管理系统可以按照自身的需要去选择、改变环境，与环境建立互通物质、能量和信息的和谐平衡关系。（8）时间。管理的诸要素都在时间中运动、转换、匹配。充分认识时间的价值、提高时间的利用效率，要求管理者对被管理者进行时限控制、时间选择和时效教育。（9）信息。信息是物质属性和关系的表征。自然界中的信息客观地经历着传递、接受、处理和反馈的过程。人类提高组织性而自觉活动，必须对信息进行管理，了解、沟通外界客观对象。[①]

二、对本研究的启示

对民办高校举办者管理权进行分析，探讨举办者管理权的内容和结构，首先，要明确举办者作为一个管理的主体，其权力所作用的对象，即管理的客体。其次，由于管理手段是管理主体与管理客体互动的媒介，管理主体势必注重管理手段的建设和强化工作。因此，研究民办高校举办者管理权，有必要将管理客体要素与管理手段同时纳入管理权的作用范围。民办高校作为高校的一种，其管理的内容和方式与高校管理是特殊与一般的关系。作为教育管理中的一个核心概念，高校管理指的是以高校这个特定组织为管理对象，运用科学原理和方法，按照国家的教育方针、政策，合理组织人力，有效使用各种资源，为实现高校教育目标而进行的一系列活动的过程。[②]根据管理主体的来源，高校管理分为内部管理和外部管理。本研究中高校管理主要指内部管理，即高校管理者对学校人、财、物、事等进行决策、计划、组织、指挥、协调、控制以实现学校特定目标的实践过程。在高校内部管理的对象方面，早期高校教育管理研究形成了较为稳定的框架。比如薛天祥将高校管理分为教学管理、科研管理、后勤管理；[③]邓晓春将高校内部管理分为思想

① 张正霖，帅重庆，张靖若．管理哲学[M].北京：企业管理出版社，1993：129-136.

② 甄德山．学校管理学新编[M].天津：天津人民出版社，1996：3.

③ 薛天祥．高等教育学[M].桂林：广西师范大学出版社，2001：109-110.

政治管理、教学管理、科研管理、体育卫生管理、研究生工作管理、人事工作管理、财务工作管理、教学科研设施管理、后勤工作管理；[①]朱九思等人将高校管理分为教学、科研、教师队伍、思想政治、体育卫生、后勤、图书馆、实验室与校办工程管理等方面。[②]由此可见，高校内部管理一般包括教学科研管理、人事管理、财务管理、设施管理、后勤管理、规章制度管理等。

基于已有研究，综合考虑管理哲学中管理对象（人的要素和物的要素）和管理手段（机构、法令规章制定等）的内容，以及高校教育管理的具体事项，本研究将举办者管理权的内涵初步划分为组织与制度建设管理权、财务管理权、人事管理权、教学科研管理权 4 大部分。

第二节　权力来源理论

一、理论概述

权力是管理主体必须具备的条件，[③]权力来源是权力存在的基础。权力的来源非常广泛，相关研究主要集中在法学、政治学、社会学、经济学等领域。

韦伯将个人的合法权力来源分为三种：源于传统习惯的继承、非人格化规则或制度、个人非凡品质和魅力。巴纳德的组织理论以公司问题为核心，直截了当地提出了默契或个人知识的问题。“众所周知，搞实际工作的人，必须有实践知识，而不能又夸夸其谈——这就是诀窍。也可称为行为知识。必

① 邓晓春．高等教育管理概论 [M]. 沈阳：辽宁人民出版社，1985，前言：3.
② 朱九思，蔡克勇，姚启和．高等学校管理 [M]. 武汉：华中工学院出版社，1983，前言：1-2.
③ 官鸣．管理哲学 [M]. 北京：知识出版社，1993：49.

须根据具体情况来办事。管理方法比任何事情更需要这一点。”① 托夫勒认为，作为一种支配他人的目的性力量，权力由暴力、财富和知识构成，其中：暴力只能用于学术惩罚，缺乏灵活性并且风险性大，是一种低质量的权力形式；财富可以用于惩罚、威胁和奖赏；知识既可以用于惩罚和奖赏，也可以用于劝说，是最高质量的权力来源。② 达尔对权力基础的划分更为详细，包括：个人拥有的时间；信用和财富的所有权；掌控的信息；尊重与社会地位；个人魅力、声望、合法性、守法精神；从他人那里获得支持的能力；在选举权、智力、教育以及个人能力水平方面的相似程度。③

费埃德伯格和克罗齐耶将权力主要来源分为不可替代或难于替代的职业技能和专业技能、对组织与环境关系的控制、信息不对称、对组织规则的利用和不确定性领域等几个方面。其中，不确定性领域包括“客观”和“人为”两种。“客观上的”不确定性领域指的是围绕诸种技术、市场以及诸多现实制约因素的不确定性建构的领域；人为的不确定性领域指围绕权威力量分布、信息通道、合法性的限制力量建构的不确定性领域。行动者通过尽量扩大他人的不确定性领域缩小自己的不确定性领域，让自己在彼此的相互协商过程中争取到更多的利益空间、占据更有利的优势地位，从而获得权力。④ 这实质上指权力主体通过利用不确定性在某些领域能动地增加自身的信息、知识、合法性、权威等条件，不断获取或扩大自己的权力。

关于权力的来源，当前比较有代表性的观点是“资源基础说”和“交换基础说”。“资源基础说”认为权力来源于资源。在政治学和社会学领域，许多学者将不同的资源进行归类。埃齐翁尼的观点比较有代表性，其认为强制性的、功利主义的和规范性的资产分别对应于武力手段、物质奖励和合法性

① 巴纳德．经理的职能［M］．北京：北京理工大学出版社，1938：291.

② 托夫勒．权力的转移［M］．北京：中共中央党校出版社，1991：19-23.

③ DAHL R A. Who Governs? Democracy and Power in an American City [M]. New Haven: Yale University Press, 1961：226.

④ 费埃德伯格．权力与规则——组织行动的动力［M］．上海：上海人民出版社，2005.

象征，而权力是这种象征的社会表现形式。① 丹尼斯·朗认为掌权者在行使权力时带入到管理关系中的各种资源是权力的基础，包括个人资源（如时间、财富、知识、技能、经验等）和集体资源（比如职业和技能的垄断、组织和团结等）。② 权力的资源基础分为元资源和衍生资源：元资源是在正常情况下行为人本身所具有的、在行为人未受到生物学侵害时无法被剥夺的资源，即行为人的体能、智能等；衍生资源是在元资源的基础上，能够与元资源结合、借助于一定的形式来对他人产生影响的资源，主要包括组织、资本和信息等。③ 基于此，个体权力的大小取决于主体所掌握的资源在要素市场中相对的稀缺程度或替代难易程度，对资源掌控的个体或组织的权力大小随着资源的转移而不停地发生变动。④

布劳基于达尔、爱默生、克罗齐耶、鲍德温、沙泽尔等人的经典主张，将权力界定为“行动的诸种可能性的不均衡交换，也就是说，一群个体之间行为的可能性的不均衡交换和 / 或集体行动者之间行为的可能性的不均衡交换”。⑤ 这一定义强调了权力的交换本质。其在给出这一定义过程中，将权力视为“一种行动者的能力，用于塑造对自己有利的或多或少是持久性的交换过程，也就是说，利用交换诸种机遇和制约力量，使对自己有利的条款发生作用”。作为一种交换关系，权力有两个来源：一是行动者可能性的实际效力，即每个参与者都会采取行动来控制和应对、甚至解决那些妨碍其实现目标和愿望的问题；二是每个参与者与其他人进行交易的自由余地抑或自主领域，自由余地决定着相互行为的可预期性。⑥

综合以上观点，权力的来源既包括个体的知识、能力、魅力和声望、所

① ETZIONI A. The Active Society [M]. New York: The Free Press, 1968: 357-359.
② 丹尼斯·朗 . 权力论 [M]. 北京：中国社会科学出版社，2001：148-158.
③ 张屹山 . 资源、权力与经济利益分配通论 [M]. 北京：社会科学文献出版社，2013：19.
④ 张屹山 . 资源、权力与经济利益分配通论 [M]. 北京：社会科学文献出版社，2013：83.
⑤ 费埃德伯格 . 权力与规则——组织行动的动力 [M]. 上海：上海人民出版社，2005：117.
⑥ 费埃德伯格 . 权力与规则——组织行动的动力 [M]. 上海：上海人民出版社，2005：121-123.

掌握的信息、物质资本、时间、社会地位、专业技能等，也包括组织的合法性、职位、制度等。可以用法约尔对权力的分类予以概括，即将权力分为正式权力和个人权力两种：前者是管理者依靠职务或级别而拥有的，后者是由“智慧、经验、精神价值、领导能力、以往的服务等因素综合而成的”，优秀的管理者应该通过自己的个人权力来补充正式权力。①

二、对本研究的启示

权力来源是权力主体获得并巩固权力的基本条件。权力主体能否获得相应的权力以及权力的强弱，取决于权力来源的具备情况以及能否保持或不断增强权力基础。比如，一些专业权力要求权力主体必须具备相关专业知识或信息，树立专业权威。再如，权力主体必须依据某种价值标准和观念以及反映这种价值的制度化形式，证明自己有资格掌握权力，进而利用制度通过形式化的程序和明确的行为规则将权力关系模式化。②明确、巩固或扩大管理权范围，民办高校举办者必须具备并强化相应的基础条件，将管理权建立在一定的基础之上。同理，制约举办者管理权也可以削弱相应的基础条件。这些条件既包括举办者身份特征、个人能力或魅力、时间或经济投入以及其他资源，也包括相关法律法规或学校内部制度、章程等组织条件。简言之，权力来源理论为厘清民办高校举办者权力来源、诊断民办高校举办者权力问题的成因提供了思路，为明确民办高校举办者权力实现的基本路径提供了切入点。

① FAYOL H. General and industrial management [J]. Academy of Management Review,1954,(2): 454.

② 周光辉．论公共权力的合法性 [M]. 长春：吉林出版集团有限责任公司，2007：148.

第三节　权力制约理论

一、理论概述

权力制约理论主要是从西方国家治理领域兴起并发展的，随后逐渐向管理领域扩张，演变为一种管理思想。从最初的分权制衡思想发展至今，权力制约理论已经演化出以权力制约权力、以权利制约权力和以社会制约权力三种范式。

（一）以权力制约权力

“以权力制约权力”指的是通过合理分权，在不同权力体系或同一权力体系内部由不同的部门或人行使不同的权力，并且在各部门或个人的权力之间形成大致的平衡和制约，防止权力过于集中，从而实现权力制衡。这种制约要求在各权力系统或个体之间均衡分配权力，使各部分权力既相互独立、分离，又相互对应和制衡，保持权力之间相互牵制的态势，是一种横向或平行的、具有强制性的权力制约。但是分立的权力之间并不是对抗的，而是由权力主体为实现整体利益协调行使。在政治领域，“以权力制约权力”主要指“三权分立”，即立法权、司法权和行政权分立。

“以权力制约权力”思想萌芽于亚里士多德的政体三要素说。亚里士多德在《政治学》一书中，首次提出将国家权力分为议事、行政和审判（司法）三部分，开创了西方权力制约思想的先河，但并没有明确权力制衡的原理。[①]古罗马哲学家波里比阿发现罗马政体中执政官、元老院和人民大会三个部门之间的权力制约关系使得各种要素处于“恰好的平衡状态”，并且这种权力

① 亚里士多德．政治学[M].北京：商务印书馆，1965：24-215.

平衡与制约使得罗马足以战胜一切困难和危机。[①]受此启发，其不仅主张分权，还提议权力系统中某一部门不应凌驾于其他部门之上，“任何越权行为都必然被制止，而且每部门自始就得担心受到其他部门的干涉”。西塞罗则提出了兼有君主制、贵族制和民主制优点的共和政体，在立法、行政、司法和监察权力之间形成制约关系，并依靠法律明确各权力机构的职权，要求所有统治者依据法律进行管理，比波里比阿的思想更进一步。[②]英国哲学家、古典自然法学派代表人物洛克在批判“君权神授”的基础上，提出了立法权、行政权和对外权三权分立的观点。每一种权力由一个专门的机构掌管，并特别强调立法权与行政权的分立。但是在洛克的理论中，立法权与行政权之间并不是相互牵制和均势抗衡的关系，从本质上看只是立法权与行政权的分离。[③]

法国学者孟德斯鸠发展了洛克的思想，将国家权力进一步分为立法权、行政权和司法权三种权力，创立了三权平行制衡理论，是近代政治思想史上第一个正式提出“三权分立”的思想家。根据孟德斯鸠的观点，三种权力之间必须相互制约：立法机关有权监督和制约行政机关，可以弹劾行政首脑的违法行为；行政机关有权监督立法机关的立法活动，行政首脑可以否决立法机关提出的决议案；司法机关也享有部分立法权力，从而对司法机关进行制约。[④]但孟德斯鸠并未对司法权的制约功能做出深刻阐述。美国建国初期的资产阶级思想家亚历山大·汉密尔顿主张立法、行政、司法三权分立，提出将三种权力进行混合、渗透以相互牵制以削弱议会的权力，“只要各个权力部门在主要方面保持分离，就并不排除为了特定目的予以局部的混合”[⑤]。此外，汉密尔顿主张赋予司法部门对立法机关和行政机关进行司法审查的权力，

① 波里比阿．罗马史：第6卷[A].世界资料丛刊：罗马克里同时期(上)[C].上海：三联书店,1957:55.
② 应克复，金太军，胡传胜．西方民主史[M].北京：中国社会科学出版社，2003：110.
③ 洛克．政府论下篇[M].北京：商务印书馆,1964：83、89.
④ 孟德斯鸠．论法的精神（上册）[M].北京：商务印书馆,1961：154、156.
⑤ 汉密尔顿，杰伊，麦迪逊．联邦党人文集[M].北京：商务印书馆,1980：333、337.

弥补了孟德斯鸠分权理论中司法权制约性不足的缺点。

“以权力制约权力”范式建立在两千多年一系列政治学理论基础之上，并且在各领域都有所运用，有其产生和存在的历史必然性。但是这种模式的现实局限性也是显而易见的：权力分立不能完全解决分权与集权之间的矛盾，也不能保证政府机构或个人之间相互充分监督或者阻止部门之间进行非法合作。卢梭认为主权是不可分割的；[①]美国政治家威尔逊认为美国宪法中的权力制约和制衡违背了政府是单一终极权威中心的本质，导致权力分散；[②]英国学者杰弗里·马歇尔认为立法、行政、司法三权没有公认的精确定义，相互之间界限不清晰，导致如何分权难以统一理解。[③]理论界对传统分权制约模式的批判，为开辟权力制约新途径提供了思考空间，很多政治思想家开始寻求其他权力制约模式。

（二）以权利制约权力

“以权利制约权力”指公民用自己的法律权利制约政府权力，以防止政府权力的变异和滥用，维护自身的合法权益和社会整体利益。[④]“以权利制约权力”源于社会契约论的人民主权思想。依据社会契约论，个人权利先于国家而存在。在国家出现之前，人们处于自然自由的状态，但是人们享有的权利极不稳定，容易受到他人的威胁。为了保护自由、生命与财产不受侵犯，人们放弃相对自由的自然状态生活，建立契约、加入社会。因此，政治社会的目的是保护人们的自由、财产等权利。社会契约所要解决的根本问题是“寻找出一种结合的形式，使它能以全部共同的力量来卫护和保障每个结合者的人身和财富，并且由于这一结合而使每一个与全体相联合的个人又只不

① 卢梭．社会契约论[M].北京：商务印书馆，2005：33.

② 文森特·奥斯特罗姆．复合共和制的政治理论[M].上海：三联书店上海分店,1999：184.

③ 何华辉．比较宪法学[M].武汉：武汉大学出版社，1988：94-95.

④ 陈宏彩，邓蓉敬．以权利制约权力：政治文明的新发展[J].理论与改革，2003,（6）：47-48.

过是在服从自己本人，并且仍然像以往一样的自由”。[①]公约体现的是人民的公意，所有人都要遵守，这样社会契约才不至于成为一纸空文。因此，人民的公意是国家的最高权力，主权作为公意的具体体现属于人民。人民主权思想表明权力源于人民公意，其运行必须以保障公民的权利和自由为导向，权利优于权力。

“以权利制约权力”以权力与权利内在的、逻辑上的紧密关系为基础，通过确认和维护权利来实现对权力的约束和控制。一方面可以在法律中明确政府权力的界限和范围，用法律规范争取权利、维护公民和社会组织的合法权利；另一方面，可以由公民通过行使监督、选举等合法权利对国家权力进行制约。该范式强调权利的崇高性、广泛性、真实性和权利主体强烈的权利意识以及法治的作用，并以法治为实现权力制约的主要途径，即相关主体依据法定的权利对权力行使过程进行监督、施加影响，从而达到约束权力的效果。由此可以看出，“以权利制约权力”的基本前提是相关主体通过特定的机构、程序或形式参与权力运行过程，通过诉求表达、提议或监督实现对权力的制约。“以权利制约权力”须在唤起各主体权利意识的基础上，以法治保障相关主体的权利以及行使权利的机构、程序或方式。

（三）以社会制约权力

“以社会制约权力”作为一种新提法，尚无明确的定义，其核心是重视公众和社会力量在国家管理中的作用，强调通过公众和社会力量的参与来制衡国家权力。“以社会制约权力”发端于托克维尔和达尔的思想，二者主张在认可代议制和三权分立的基础上，在社会领域寻求对国家权力进行制约的各种力量，即更多地依靠媒体舆论、利益集团、公民个体等社会力量对公共权力进行监督和制约。托克维尔强调一种特定类型的社会对民主的重要性，在这样的社会中权力与各种社会功能以一种分散化的方式由众多相对独立的社团、

① 卢梭．社会契约论[M]．北京：商务印书馆，2005：19.

组织和群体来行使。他强调如下因素的极端重要性：独立报纸、作为一种独立职业的律师、政治社团以及参与公民生活的其他团体。……托克维尔是第一个认识到民主的体制与一种多元的社会与政体具有亲和性的人之一。[①]达尔在托克维尔的基础上继续向前推进，指出民主是多重少数的统治，认为权力“应由众多的社会利益群体、政治组织和自治团体所分享，只有允许大众广泛参政的多头政制，才能实现政府与民众关系的双边控制，才能对政府进行有效的约束和控制”[②③]。这种权力制衡思路被概括为“以社会制约权力”。随着社会组织和社会力量在国家和社会治理中的作用日益凸显以及政治由传统的“统治”“管理”向“治理”转变，“以社会制约权力”逐渐成为一种与“以权力制约权力”“以权利制约权力”相并行的理念，甚至被认为是一种更高级的权力制约形态。[④]

社会制衡理论允许公众或社会力量以外部监督、影响、说服、职能分担等直接或间接的方式参与国家事务，将直接制约与间接制约集于一体，弥补了分权理论、人民主权论这两种制衡理论中“人民是权力的拥有者但不是权力的执行者”的逻辑缺陷和不足。[⑤]比如，大众传媒的舆论监督可以通过向国家权力施加压力，直接制约国家权力。在更多情况下，社会参与对国家权力形成的是间接制约。比如，一些社会团体通过参与社会公共事务管理，分担一定的职能，使得国家权力不能随意干涉相关社会事务的管理，间接制约了国家权力。虽然在多数情况下，公众和社会力量的意见表达需通过国家权力的强制手段产生制约效果，但是作为一种富有弹性、非强制性的权力制约范式，“以社会制约权力”转向社会领域内的公众和社会力量，拓展了权力

① 罗伯特·达尔．民主理论的前言（扩充版）[M]．顾昕，译．北京：东方出版社，2009：168.
② 罗伯特·达尔．民主理论的前言（扩充版）[M]．顾昕，译．北京：东方出版社，2009：164-166.
③ 罗伯特·A·达尔．现代政治分析 [M]．王沪宁，陈峰，译．上海：上海译文出版社，1987：104-105.
④ 郭道久．“以社会制约权力”：民主的一种解析视角 [M]．天津：天津人民出版社，2005：76.
⑤ 郭道久．“以社会制约权力”：民主的一种解析视角 [M]．天津：天津人民出版社，2005：63.

制约的主体范围，泛化了权力制约的方式，使得权力制约方式更为温和、多样。

上述三种权力制约范式是人类政治实践进程中权力制约的主要方式。三者所侧重的权力制约力量来源不同，呈现的方式也有不同。“以权力制约权力”通过将权力划分为不同的权力组成部分，并由不同的部门或人负责，形成权力均势；“以权利制约权力”通过以法律保护个体的合法权利制约和监督权力；“以社会制约权力”则利用社会领域的各种力量对权力形成制约。三种权力制约范式相互补充，将三者相结合可以从权力制约的力量主体、制约方式、权力方向等多个层面构建立体式权力制约网络结构。

二、对本研究的启示

制约是保障权力运行秩序、规范权力行为的必要条件。有效的权力制约，需统筹运用三种权力制约方式，借助平行权力、利益相关者、社会、法律等各种力量形成合力。破除民办高校举办者对某一方面管理权决定控制等问题：首先，要在制度设计上引入以权制权的理念，健全权力部门，形成相互制衡的权力结构。通过完善内部治理结构，实现民办高校内部决策权、行政权和监督权分立，使得各权力主体或部门既是相应权力的行使者，也是其他权力主体的制约主体，为优化配置民办高校举办者管理权奠定基础。其次，民办高校是举办者与其他管理者、师生群体基于共同目标建立并维持其运行的组织和利益共同体，举办者行使权力应以不侵害法律、学校规章制度赋予其他管理者、师生、学校的合法权利为前提。最后，政府和社会力量尤其是大众媒体和行业组织力量，在监督和制衡民办高校办学行为方面的作用日益凸显。制约和规范民办高校举办者管理权，应在完善政府监管机制的基础上，愈加重视社会团体组织和其他社会力量的作用，尤其要释放一些具有评估、审计功能的行业组织等社会团体和力量在监督举办者办学行为、制约举办者管理权方面的潜力。简言之，权力制约理论拓展了民办高校举办者管理权制约方式，为规范民办高校举办者办学行为提供了参照，开拓了以辩证视角推动民办高校举办者管理权实现的视角。

民办高校举办者管理权实现的理想状态是举办者能够获得参与学校治理的权力并且有足够的内外部条件使其所拥有的各项权力在发挥效力的同时不被滥用。虽然权力来源理论与权力制约理论分属不同的理论体系，但是两者在举办者权力实现层面的指向是一致的，即以一种辩证的思维分别从权力巩固与权力制约两个角度勾画举办者权力实现路径，将举办者用权行为和用权的结果导向一种尽可能理想的状态。

第二章

民办高校举办者管理权现状分析

本章利用 SPSS22.0 软件对所收集的数据进行基本的描述分析，在对样本数据进行背景统计分析的基础上，分别从举办者管理权总体状况与不同背景特征举办者管理权差异两个方面进行分析，从而形成对举办者管理权相对客观、全面的认识。

第一节　总体状况

对样本的背景信息进行统计，结果如表 2-1 所示。样本中，办学层次以“本科”居多；办学年限在 6—10 年的居多；在校生规模在 5 000 人以下的居多；教职工规模在 300 人以下的学校较多；学校举办者为“初始举办者”居多；举办者在学校担任董事长的居多；分类意向倾向于“非营利性”者居多。基本符合我国民办高校总体状况。

表 2-1　样本基本信息统计表

项目		分组	人数	百分比（%）
学校层次		专科 / 高职	72	48.0
		本科	73	48.7
		硕士	5	3.3
	合计		150	100.0
办学年限	有效	5 年及以下	19	12.7
		6—10 年	64	42.7
		11—15 年	10	6.7
		16—20 年	34	22.7
		20 年以上	23	15.3
	合计		150	100.0

续表

项目		分组	人数	百分比（%）
在校生规模	有效	5 000 人以下	53	35.3
		5 000—10 000 人	36	24.0
		10 000—20 000 人	41	27.3
		20 000—30 000 人	9	6.0
		30 000 人以上	11	7.3
	合计		150	100.0
专任教职工规模	有效	300 人以下	59	39.3
		300—500 人	24	16.0
		500—800 人	33	22.0
		800 人以上	34	22.7
	合计		150	100.0
举办者类型	有效	初始举办者	92	61.3
		二代接班人	41	27.3
		变更后举办者	17	11.3
	合计		150	100.0
举办者职务	有效	董事长	90	60.0
		校长	13	8.7
		书记	19	12.7
		董事长兼校长	3	2.0
		董事长兼书记	2	1.3
		校长兼书记	2	1.3
		名誉董事长	2	1.3
		董事长兼校长兼书记	4	2.7

续表

项目		分组	人数	百分比（%）
举办者职务	有效	董事长兼副校长	2	1.3
		教师	6	4.0
		创办人	7	4.7
	合计		150	100.0
分类意向	有效	营利性	49	32.7
		非营利性	73	48.7
		不确定	28	18.7
	合计		150	100.0

第二节　举办者管理权总体差异分析

依表 2-2 数据分析发现，民办高校举办者管理权总体上较为充分（均值 =3.84）。其中，组织与制度建设管理权水平最高（均值 =4.14），财务管理权（均值 =4.04）和人事管理权（均值 =3.79）次之，教学科研管理权水平最低（均值 =3.39）。说明民办高校举办者管理权主要集中在组织和制度建设、财务方面，对人事和教学尤其是科研的管理程度相对较弱。

在组织与制度建设管理权维度，民办高校举办者在学校发展规划权得分最高（均值 =4.21），其次是制度建设权（均值 =4.15），核心机构设置权得分最低（均值 =4.03）。

在财务管理权维度，民办高校举办者在预决算管理权得分最高（均值 =4.12），其次是风险管理权（均值 =4.06）、收支管理权（均值 =4.04），项目和资产管理权得分最低（均值 =3.95）。

在人事管理权维度，民办高校举办者在高层管理者任免权得分最高（均值 =4.25），其次是在人事规划权（均值 =3.90）、人事制度制定权（均值 =3.62），在中层以下人员管理权得分最低（均值 =3.51）。

在教学科研管理权维度，民办高校举办者在总体规划权得分最高（均值 =3.49），其次是科研监管权（均值 =3.34），在教学监管权得分最低（均值 =3.31）。

表 2-2　民办高校举办者管理权现状描述统计

层面	均值	标准差	题项数
核心机构设置权	4.03	.805	4
学校发展规划权	4.21	.729	5
制度建设权	4.15	.701	6
组织与制度建设管理权	4.14	.662	15
预决算管理权	4.12	.743	4
收支管理权	4.04	.819	6
项目和资产管理权	3.95	.901	4
风险管理权	4.06	.829	4
财务管理权	4.04	.753	18
高层管理者任免权	4.25	.770	5
中层以下人员管理权	3.51	.929	7
人事规划权	3.90	.924	4
人事制度制定权	3.62	.859	5
人事管理权	3.79	.934	21
总体规划权	3.49	.970	4
教学监管权	3.31	.960	6

续表

层面	均值	标准差	题项数
科研监管权	3.34	1.010	6
教学科研管理权	3.39	.934	16
总体均值	3.84	.637	70

一、不同类型民办高校举办者管理权均值差异分析

用单因素方差法分析民办高校初始举办者、二代接班人和变更后举办者管理权各维度的均值差异，发现不同类型民办高校举办者管理权均值在人事管理、教学科研管理层面存在显著差异。采用 LSD 法进行事后比较发现，民办高校二代接班举办者的人事管理权均值显著高于民办高校初始举办者，教学科研管理权均值显著高于初始民办高校举办者和变更后民办高校举办者。结果如表 2-3 所示。

表 2-3　不同类型民办高校举办者管理权均值方差分析摘要表

		平方和	自由度（df）	均方（MS）	F 检验	事后比较
组织与制度建设管理权	组间	1.132	2	.566	1.295	
	组内	64.257	147	.437		
	总数	65.389	149			
财务管理权	组间	.558	2	.279	.489	
	组内	83.822	147	.570		
	总数	84.380	149			
人事管理权	组间	3.384	2	1.692	3.395*	B > C

续表

		平方和	自由度（df）	均方（MS）	F 检验	事后比较
人事管理权	组内	73.267	147	.498		
	总数	76.651	149			
教学科研管理权	组间	21.877	2	10.939	14.866**	B > A
	组内	108.165	147	.736		B > C
	总数	130.042	149			

注：（1）*$p < .05$，**$p < .01$；

（2）A：初始举办者，B：二代接班人，C：变更后举办者

一般而言，在初始举办者的领导下，民办高校组织和制度基本成型，教学科研成为二代接班人管理的重点。正如一位民办高校内部管理人员所言："二代接班人，只要肯接班，肯定是想要接着父辈把学校办好的，他们也认识到教学质量是民办高校发展的软肋，所以相对于父辈，我们学校的举办者特别重视学校教学科研管理。"（HT，1022）

二、不同职务民办高校举办者管理权均值差异分析

考虑到举办者的校内职务比较复杂，按照担任单一高层管理职务、兼任多项高层管理职务和无行政职务归类方式对民办高校举办者担任职位背景变量重新编码，具体操作是将"名誉董事长"纳入"董事长"，将"董事长兼校长""董事长兼书记""校长兼书记""董事长兼校长兼书记""董事长兼副校长"更改为"兼任多项高职"，将"教师""创办人"更改为"无行政职务"，最终将"民办高校举办者担任职务"变量变为"董事长""校长""书记""兼任多项高职""无行政职务"五个分变量。单因素方差分析发现，不同职务的民办高校举办者管理权在组织与制度建设管理权、人事管理权和教

学科研管理权层面存在显著差异。在学校担任多项高层管理职务的民办高校举办者，组织与制度建设管理权、人事管理权均值显著高于其他组别民办高校举办者；担任学校书记的民办高校举办者，教学科研管理权均值显著高于担任学校董事长、校长的民办高校举办者；在学校兼任多项高层管理职务的民办高校举办者教学科研管理权均值显著高于担任董事长、校长的举办者；无行政职务的民办高校举办者教学科研管理权均值显著高于担任学校董事长的民办高校举办者。结果如表 2-4 所示。

表 2-4　不同职务民办高校举办者管理权均值方差分析摘要表

		平方和	自由度（df）	均方（MS）	F 检验	事后比较
组织与制度建设管理权	组间	5.554	4	1.386	3.358*	D > A，D > B
	组内	59.845	145	.413		D > C，D > E
	总数	65.399	149			
财务管理权	组间	4.049	4	1.012	1.827	
	组内	80.331	145	.554		
	总数	84.380	149			
人事管理权	组间	7.441	4	1.860	3.897**	D > A，D > B
	组内	69.211	145	.477		D > C，D > E
	总数	76.652	149			
教学科研管理权	组间	22.843	4	5.711	7.725**	C > A，C > B
	组内	107.199	145	.739		D > A，D > B
	总数	130.042	149			E > A

注：（1）$*p < .05$，$**p < .01$；

（2）A：董事长，B：校长，C：书记，D：兼任多项高职，E：无行政职务从数据中可以看出，在学校担任多项高层管理职务的举办者管理权尤为突出。根据权力理论，单个权力主体兼任多项职务，容易导致组织内部权力集中，这也是需要推进组织内部权力分离的原因所在。“有些举办者什么都管，什么权力都有，这就有问题。”（GZH，0420）

三、不同办学层次民办高校举办者管理权均值差异分析

比较不同办学层次的民办高校举办者管理权均值，发现不同办学层次的民办高校举办者管理权在组织与制度建设管理权、财务管理权、人事管理权层面存在显著差异。硕士研究生层次民办高校举办者的组织与制度建设管理权、人事管理权均值显著高于本科层次、专科 / 高职层次民办高校举办者，教学科研管理权均值显著高于本科层次民办高校举办者。结果如表 2-5 所示。

表 2-5　不同办学层次民办高校举办者管理权均值方差分析摘要表

		平方和	自由度（df）	均方（MS）	F 检验	事后比较
组织与制度建设管理权	组间	4.746	2	2.373	5.752**	C > A
	组内	60.643	147	.413		C > B
	总数	65.389	149			
财务管理权	组间	2.566	2	1.283	2.305	
	组内	81.815	147	.557		
	总数	84.381	149			
人事管理权	组间	3.653	2	1.827	3.678*	C > A
	组内	72.998	147	.497		C > B
	总数	76.651	149			

续表

		平方和	自由度（df）	均方（MS）	F 检验	事后比较
教学科研管理权	组间	6.238	2	3.119	3.703*	C＞B
	组内	123.804	147	.842		
	总数	130.042	149			

注：（1）* $p < .05$，** $p < .01$；

（2）A：专科/高职，B：本科，C：硕士研究生

访谈中发现，由于具有硕士研究生培养资格的民办高校一般规模较大，在学生培养尤其是硕士研究生质量方面面临的竞争和压力更大，举办者对学校内部管理的投入会更多。正如一位具有联合培养硕士研究生资格的举办者在访谈中所言："学校这么大一个摊子，很多事情都需要我在大层面上把握。"（YC，0824）

四、不同办学年限民办高校举办者管理权均值差异分析

比较不同办学年限民办高校举办者管理权各维度的均值，发现不同办学年限的民办高校举办者管理权在组织与制度建设管理、教学科研管理层面存在显著差异。办学年限为 6—10 年的民办高校举办者组织与制度建设管理权均值显著低于办学年限为 5 年以下、16—20 年、20 年以上的民办高校举办者；办学年限为 6—10 年的民办高校举办者教学科研管理权均值显著高于办学年限为 5 年以下、11—15 年、16—20 年的民办高校举办者，办学年限在 20 年以上的民办高校举办者教学科研管理权均值显著高于办学年限为 5 年以下、11—15 年的民办高校举办者。结果如表 2-6 所示。

表 2-6　不同办学年限民办高校举办者管理权均值方差分析摘要表

		平方和	自由度（df）	均方（MS）	F 检验	事后比较
组织与制度建设管理权	组间	6.877	4	1.719	4.260**	A > B
	组内	58.513	145	.404		D > B
	总数	65.390	149			E > B
财务管理权	组间	2.877	4	.719	1.280	
	组内	81.503	145	.562		
	总数	84.380	149			
人事管理权	组间	4.131	4	1.033	2.065	
	组内	72.520	145	.500		
	总数	76.651	149			
教学科研管理权	组间	11.042	4	2.760	3.364*	B > A，B > C
	组内	119.001	145	.821		B > D，E > A
	总数	130.043	149			E > C

注：（1）$*p < .05$，$**p < .01$；

（2）A：5 年及以下，B：6—10 年，C：11—15 年，D：16—20 年，E：20 年以上

民办高校举办者管理权侧重点受学校办学年限影响较为显著，实际上是与学校成立时所面临的环境以及学校发展状况密切相关的。这在访谈中也得到证实，以其中两位受访者为例。

民办高校一般 20 年为一个发展周期，较早的一批民办高校距今已经有 20 多年了。它们的快速发展，很大程度上得益于抢占了时机，在经历了 20

年的积累之后，开始转入内涵建设，着手解决组织和制度问题，并且真正开始关注提升教学质量。（HY，1128）

现在新成立的民办高校，面对的市场竞争比以往更激烈，举办者以质量立校的理念更为突出，而且我们的监管会更严格，在设立的时候就要求举办者依据《民办教育促进法》及实施条例把应当具备的组织和制度等条件准备好。（SHH，0420）

五、不同专任教职工规模民办高校举办者管理权均值差异分析

比较不同专任教职工规模民办高校举办者管理权的均值，发现不同教职工规模的民办高校举办者管理权在组织与制度建设管理、财务管理、教学科研管理层面存在显著差异。专任教职工规模为500—800人的民办高校举办者，组织与制度建设管理权均值显著高于专任教职工规模在300人以下的民办高校举办者，财务管理权均值显著高于专任教职工规模在300人以下、800人以上的民办高校举办者；专任教职工规模在300人以下的民办高校举办者教学科研管理权均值显著高于专任教职工规模在300—500人、800人以上的民办高校举办者。结果如表2-7所示。

表2-7　不同专任教职工规模民办高校举办者管理权均值方差分析摘要表

		平方和	自由度（df）	均方（MS）	F检验	事后比较
组织与制度建设管理权	组间	3.631	4	1.210	2.861*	C > A
	组内	61.759	145	.423		
	总数	65.390	149			
财务管理权	组间	5.431	4	1.810	3.348*	C > A
	组内	78.949	145	.541		C > D
	总数	84.380	149			

续表

		平方和	自由度（df）	均方（MS）	F 检验	事后比较
人事管理权	组间	2.807	4	.936	1.850	
	组内	73.845	145	.506		
	总数	76.652	149			
教学科研管理权	组间	7.904	4	2.635	3.149*	A ＞ B
	组内	122.139	145	.837		A ＞ D
	总数	130.043	149			

注：（1）* p ＜ .05，** p ＜ .01；

（2）A：300 以下人，B：300—500 人，C：500—800 人，D：800 人以上

专任教职工规模在 500—800 人的民办高校中，78.8% 为民办本科高校，并且学校规模较大。“学校大了，管理起来挑战性更大。如果机制健全了，学校可以自然运转最好，否则，出现问题就很容易失控。”（HB，1121）专任教职工规模在 300 人以下的民办高校中，83.1% 为专科 / 高职类院校，以教学为主、以就业为导向的特点尤为突出，举办者可以投入到教学方面的精力更多。正如一位专科院校举办者所言：“专科院校，就是抓教学啊，一定要保证学生百分百就业，不然更没有吸引力了。”(GCH，1127)

六、不同在校生规模民办高校举办者管理权均值差异分析

比较不同在校生规模民办高校举办者管理权均值，发现不同在校生规模民办高校举办者的管理权在组织和制度建设管理、财务管理、教学科研管理层面存在显著差异。在校生规模在 5 000 人以下的民办高校举办者组织与制度建设管理权均值显著低于在校生规模在 5 000—10 000 人、10 000—20 000 人、20 000—30 000 人的民办高校举办者，财务管理权均值显著低于在校生

规模在 5 000—10 000 人、10 000—20 000 人、30 000 人以上的民办高校举办者；在校生规模在 20 000—30 000 人的民办高校举办者财务管理权均值显著低于在校生规模在 5 000—10 000 人、10 000—20 000 人、30 000 人以上的民办高校举办者；在校生规模在 5 000 人以下的民办高校教学科研管理权均值显著高于在校生规模在 5 000—10 000 人、10 000—20 000 人的民办高校举办者。结果如表 2-8 所示。

表 2-8　不同在校生规模民办高校举办者管理权均值方差分析摘要表

		平方和	自由度（df）	均方（MS）	F 检验	事后比较
组织与制度建设管理权	组间	5.757	4	1.439	3.499**	B > A
	组内	59.633	145	.411		C > A
	总数	65.390	149			D > A
财务管理权	组间	7.373	4	1.843	3.471*	B > A，C > A
	组内	77.008	145	.531		E > A，B > D
	总数	84.381	149			C > D，E > D
人事管理权	组间	2.576	4	.644	1.261	
	组内	74.075	145	.511		
	总数	76.651	149			
教学科研管理权	组间	12.649	4	3.162	3.906**	A > B
	组内	117.393	145	.810		A > C
	总数	130.042	149			

注：（1）* $p < .05$，** $p < .01$；

（2）A：5 000 人以下，B：5 000—10 000 人，C：10 000—20 000 人，D：20 000—30 000 人，E：30 000 人以上

同专任教师规模类似，民办高校学生规模也与学校的办学层次、发展定位、内部组织和制度建设等发展状况密切相关，这些学校因素与举办者所能投入的精力、侧重点、参与管理的途径共同影响举办者管理权限的范围和各权力的水平。

学校里面无小事。哪些事要管，哪些事可以放下去，这都是需要结合学校实际情况来定的。至于怎么去管，这个就更复杂了。如果你组织和制度健全，那就只参与董事会决策就好；如果很多东西不好运转，那就看你能不能亲力亲为了。当然这算是两种比较极端的状态，很多是处于两者之间的。（HB，1121）

七、不同分类取向民办高校举办者管理权均值差异分析

比较不同分类选择意向的民办高校举办者管理权均值，发现不同分类选择意向的民办高校举办者管理权在组织与制度建设管理层面和教学科研管理层面存在显著差异。倾向于选择营利性的民办高校举办者组织与制度建设管理权均值显著低于倾向于选择非营利性、选择意向不确定的民办高校举办者，教学科研管理权均值显著高于选择非营利性、选择意向不确定的民办高校举办者。结果如表 2-9 所示。

表 2-9 不同分类取向民办高校举办者管理权均值方差分析摘要表

		平方和	自由度（df）	均方（MS）	F 检验	事后比较
组织与制度建设管理权	组间	4.888	2	2.444	5.938**	B ＞ A
	组内	60.502	147	.412		C ＞ A
	总数	65.390	149			
财务管理权	组间	1.364	2	.682	1.208	

续表

		平方和	自由度（df）	均方（MS）	F检验	事后比较
财务管理权	组内	83.016	147	.565		
	总数	84.380	149			
人事管理权	组间	.164	2	.082	.158	
	组内	76.487	147	.520		
	总数	76.651	149			
教学科研管理权	组间	13.009	2	6.505	8.170**	A＞B
	组内	117.033	147	.796		A＞C
	总数	130.042	149			

注：（1）* p < .05，** p < .01；

（2）A：营利性，B：非营利性，C：不确定

不同分类取向民办高校举办者管理权差异在一定程度上反映了分类管理后民办高校举办者管理权的变化趋势。即非营利性民办高校举办者参与学校管理的权限范围和方式必须在章程中予以明确，受到的监督愈加严格；营利性民办高校举办者则按照《公司法》相关规定，自由度相对较大。“分类管理后，非营利性民办高校举办者的管理权受到的挑战更大，怎么确保主导权或者控制权不受威胁，这是举办者在组织和制度建设中亟须把握的问题。”（JS，0420）在这种背景下，加强组织和制度建设以确保管理权，成为选择非营利性民办高校或者尚不确定分类意向民办高校举办者近期治理的重点。而对于选择营利性的民办高校，教学质量面临的挑战更为严峻。“营利性民办高校，在这种社会氛围中想要生存下去，依靠的是什么？肯定是教学质量。我质量过关、在业内声誉好，大家有目共睹，家长就会认可，家长认可就不愁生源，我就有竞争力。”（ANH，0714）

第三节　举办者管理权四个维度各层面差异分析

为进一步了解民办高校举办者管理权情况，采用单因素方差分析法分别分析不同背景特征民办高校举办者在组织与制度建设管理权、财务管理权、人事管理权和教学科研管理权各层面的均值差异。

一、不同背景特征民办高校举办者组织与制度建设管理权差异分析

（一）不同职务民办高校举办者均值差异分析

比较不同职务的民办高校举办者组织与制度建设管理权均值，发现不同职务的民办高校举办者组织与制度建设管理权均值在核心机构设置权、学校发展规划权、制度建设权方面存在显著差异。兼任多项高层管理职务的民办高校举办者核心机构设置权均值显著高于其他组别民办高校举办者，学校发展规划权均值显著高于只担任书记、无行政职务的民办高校举办者，制度建设权均值显著高于担任校长、书记以及无行政职务的举办者；担任董事长的民办高校举办者学校发展规划权均值显著高于担任书记的民办高校举办者。结果如表 2-10 所示。

表 2-10　不同职务民办高校举办者组织与制度建设管理权均值方差分析摘要表

		平方和	自由度（df）	均方（MS）	F 检验	事后比较
核心机构设置权	组间	6.661	4	1.665	2.685*	D＞A，D＞B
	组内	89.923	145	.620		D＞C，D＞E

续表

		平方和	自由度（df）	均方（MS）	F 检验	事后比较
核心机构设置权	总数	96.584	149			
学校发展规划权	组间	5.482	4	1.370	2.697*	A > C
	组内	73.672	145	.508		D > C
	总数	79.154	149			D > E
制度建设权	组间	5.849	4	1.462	3.147*	D > B
	组内	67.369	145	.465		D > C
	总数	73.218	149			D > E

注：（1）*$p < .05$；

（2）A：董事长，B：校长，C：书记，D：兼任多项高职，E：无行政职务

职位是主体组织权力的重要来源之一。民办高校举办者担任学校多项高层管理职务，直接导致学校多种职位权力集中于举办者手中，反过来也会制约学校组织和制度建设，不利于学校职位权力分立。在接受访谈的民办高校举办者中，有一位举办者同时担任学校董事长、校长、党委书记，严格来讲这是不符合现代大学制度要求的，也是举办者组织与制度建设管理权亟须规范的重点。“举办者权力很大，但是怎么用更关键。”（HT，1022）

（二）不同办学层次民办高校举办者均值差异分析

比较不同办学层次民办高校举办者在组织与制度建设管理权各层面的均值，发现不同办学层次的民办高校举办者在学校发展规划权、制度建设权方面有显著差异。专科 / 高职民办高校举办者学校发展规划权均值、制度建设权均值显著低于本科层次民办高校举办者、硕士层次民办高校举办者。结果如表 2-11 所示。

表 2-11　不同办学层次民办高校举办者组织与制度建设管理权均值方差分析摘要表

		平方和	自由度（df）	均方（MS）	F 检验	事后比较
核心机构设置权	组间	2.692	2	1.346	2.107	
	组内	93.892	147	.639		
	总数	96.584	149			
学校发展规划权	组间	7.322	2	3.661	7.492**	B > A
	组内	71.831	147	.489		C > A
	总数	79.153	149			
制度建设权	组间	6.055	2	3.028	6.626**	B > A
	组内	67.163	147	.457		C > A
	总数	73.218	149			

注：（1）* $p < .05$，** $p < .01$；

（2）A：专科/高职，B：本科，C：硕士研究生

数据结果说明，本科及以上层次民办高校举办者在学校发展规划和制度建设方面的权力相对而言更为突出。一方面说明举办者比较重视参与学校发展规划与制度建设，但同时，举办者参与规划的方式与对制度建设的引导方向，则决定了用权行为的规范性以及学校组织和制度建设的完备性和科学性。“学校每一个阶段的定位、发展规划基本都是我提出或决定的。学校发展也要与时俱进，但是这些只能自己来决定，别人没法替你做主。摊子越大，责任越重，越不能放松。”（YC，0824）

（三）不同办学年限民办高校举办者均值差异分析

比较不同办学年限民办高校举办者组织与制度建设管理权各层面的均值，发现不同办学年限的民办高校举办者组织与制度建设管理权在核心机构

设置权、学校发展规划权、制度建设权存在显著差异。办学年限为 5 年以下、16—20 年的民办高校举办者，核心机构设置权均值显著高于办学年限为 6—10 年、11—15 年的民办高校举办者；办学年限为 16—20 年的民办高校举办者，学校发展规划权均值显著高于办学年限为 6—10 年的民办高校举办者；办学年限为 6—10 年的民办高校举办者，制度建设权均值显著低于办学年限为 5 年以下、16—20 年、20 年以上的民办高校举办者。结果如表 2-12 所示。

表 2-12　不同办学年限民办高校举办者组织与制度建设管理权均值方差分析摘要表

		平方和	自由度（df）	均方（MS）	F 检验	事后比较
核心机构设置权	组间	9.365	4	2.341	3.892**	A＞B，A＞C
	组内	87.219	145	.602		D＞B，D＞C
	总数	96.584	149			
学校发展规划权	组间	6.184	4	1.546	3.072*	D＞B
	组内	72.969	145	.503		
	总数	79.153	149			
制度建设权	组间	7.936	4	1.984	4.407**	A＞B
	组内	65.282	145	.500		D＞B
	总数	73.218	149			E＞B

注：（1）* $p < .05$，** $p < .01$；

（2）A：5 年及以下，B：6—10 年，C：11—15 年，D：16—20 年，E：20 年以上

数据结果说明民办高校举办者组织与制度建设管理权与学校办学年限或者发展阶段密切相关。“也就是说，近期成立的学校与成立时间较早的学校，举办者都比较重视组织和制度建设，但不同的是，一个处于健全组织和制度、找准发展方向和定位的阶段，一个是回头补课。”（SHH，0420）

（四）不同专任教职工规模民办高校举办者管理权均值差异分析

比较不同专任教职工规模民办高校举办者组织与制度建设管理权各维度的均值，发现不同教职工规模的民办高校举办者组织与制度建设管理权在学校发展规划权、制度建设权层面存在显著差异。专任教职工规模在 300 人以下的民办高校举办者学校发展规划权均值显著小于专任教职工规模为 500—800 人的民办高校举办者，制度建设权均值显著低于专任教职工规模在 500—800 人、800 人以上的民办高校举办者。结果如表 2-13 所示。

表 2-13　不同专任教职工规模民办高校举办者组织与制度建设管理权均值方差分析摘要表

		平方和	自由度（df）	均方（MS）	F 检验	事后比较
核心机构设置权	组间	.477	3	.159	.242	
	组内	96.106	146	.658		
	总数	96.583	149			
学校发展规划权	组间	5.398	3	1.799	3.562*	C＞A
	组内	73.755	146	.505		
	总数	79.153	149			
制度建设权	组间	6.487	3	2.162	4.731**	C＞A
	组内	66.731	146	.457		D＞A
	总数	73.218	149			

注：（1）* $p < .05$，** $p < .01$；

（2）A：300 人以下，B：300—500 人，C：500—800 人，D：800 人以上

访谈中发现，组织机构不完善是小规模民办高校举办者组织与制度建设管理权水平低于其他规模民办高校举办者的一个重要原因。“我们学校不大，举办者自己各方面都可以掌握，他也觉得没有必要设置董事会之类的机构。

在规模比较小的民办高职，这种现象很常见。”（HT，1022）

（五）不同在校生规模民办高校举办者均值差异分析

比较不同在校生规模民办高校举办者组织与制度建设管理权均值，发现不同在校生规模的民办高校举办者的组织与制度建设管理权在学校发展规划权、制度建设权存在显著差异。在校生规模为 5 000 人以下的民办高校举办者，学校发展规划权均值显著低于在校生规模为 5 000—10 000 人、10 000—20 000 人、30 000 人以上的民办高校举办者，制度建设权均值显著低于学校在校生规模为 5 000—10 000 人、10 000—20 000 人的民办高校举办者；在校生规模为 20 000—30 000 人的民办高校举办者，学校发展规划权均值显著低于在校生规模为 30 000 人以上的民办高校举办者。结果如表 2-14 所示。

表 2-14　不同在校生规模民办高校的举办者组织与制度建设管理权方差分析摘要表

		平方和	自由度（df）	均方（MS）	F 检验	事后比较
核心机构设置权	组间	2.055	4	.364	.788	
	组内	94.528	145	.793		
	总数	96.583	149			
学校发展规划权	组间	9.067	4	1.755	4.690**	B＞A
	组内	70.086	145	.608		C＞A
	总数	79.153	149			E＞A，E＞D
制度建设权	组间	8.010	4	1.056	4.453**	B＞A
	组内	65.208	145	.485		C＞A
	总数	73.218	149			

注：（1）$*p < .05$，$**p < .01$；

（2）A：5 000 人以下，B：5 000—10 000 人，C：10 000—20 000 人，D：20 000—30 000 人，E：30 000 人以上

访谈中发现，师生规模较大的学校，举办者组织和制度建设存在两种极端情况，一种是学校组织尚不健全、部门权责分工不明，学校发展规划和制度建设主要由举办者主导；另一种则是举办者将一些具体事项下放给学校内部，主要负责审批学校发展计划。“学校大了，管理起来挑战性更大。如果机制健全了，学校可以自然运转最好，否则，出现问题就很容易失控。”（HB，1121）但同时，“举办者权力很大，怎么用更为关键。”（GS，0418）

（六）不同分类取向民办高校举办者均值差异分析

比较不同分类取向民办高校举办者组织与制度建设管理权各维度均值，发现不同分类取向的民办高校举办者组织与制度建设管理权在学校发展规划权、制度建设权存在显著差异。倾向于选择非营利性的民办高校举办者学校发展规划权均值大于倾向于选择营利性的民办高校举办者，倾向于选择营利性的民办高校举办者制度建设权均值小于倾向于选择非营利性的民办高校举办者、选择意向不确定的民办高校举办者。结果如表 2-15 所示。

表 2-15　不同分类取向民办高校举办者组织与制度建设管理权方差分析摘要表

		平方和	自由度（df）	均方（MS）	F 检验	事后比较
核心机构设置权	组间	2.153	2	1.077	1.676	
	组内	94.30	147	.642		
	总数	96.453	149			
学校发展规划权	组间	5.160	2	2.580	5.126**	B＞A
	组内	73.993	147	.503		
	总数	79.153	149			
制度建设权	组间	7.462	2	3.731	8.341**	B＞A
	组内	65.755	147	.447		C＞A

续表

		平方和	自由度（df）	均方（MS）	F 检验	事后比较
制度建设权	总数	73.217	149			

注：（1）*p < .05，**p < .01；

（2）A：营利性，B：非营利性，C：不确定

数据结果在一定程度上说明选择非营利性民办高校举办者以及尚未确定分类选择意向的民办高校举办者更加重视制度建设，这是与分类管理要求重新配置举办者的管理权相呼应的。不同立场受访者都表达了这方面的重要性：

选择非营利性不代表举办者的管理权就没有了。至于怎么确保管理权，需要举办者组织修改学校章程。（SCH，0419）

我们学校肯定还是坚持非营利性。在组织与制度建设方面，我一般就是通过董事会对学校的重大事项进行决策，像修改章程之类的肯定主要还是我来决定。（XY，0813）

二、不同背景特征民办高校举办者财务管理权均值差异分析

（一）不同办学层次民办高校举办者均值差异分析

比较不同办学层次的民办高校举办者财务管理权均值，发现不同办学层次的民办高校举办者在预决算管理权方面存在显著差异。硕士层次民办高校举办者的预决算管理权均值显著高于专科 / 高职层次民办高校举办者、本科层次民办高校举办者。结果如表 2-16 所示。

表 2-16 不同办学层次民办高校举办者财务管理权均值方差分析摘要表

		平方和	自由度（df）	均方（MS）	F 检验	事后比较
预决算管理权	组间	3.817	2	1.909	3.579*	C＞A
	组内	78.401	147	.533		C＞B
	总数	82.218	149			
收支管理权	组间	3.129	2	1.565	2.376	
	组内	96.783	147	.658		
	总数	99.912	149			
项目和资产管理权	组间	.536	2	.268	.328	
	组内	120.339	147	.819		
	总数	120.875	149			
风险管理权	组间	3.968	2	1.984	2.963	
	组内	98.431	147	.670		
	总数	102.399	149			

注：（1）* $p < .05$，** $p < .01$；

（2）A：专科/高职，B：本科，C：硕士研究生

具有硕士研究生招生资格的民办高校，一般规模较大，举办者在预决算管理方面的权力较为突出，从另一个角度说明预决算管理是举办者财务管理的一个发展方向。“建立预决算管理制度还算是民办高校比较规范科学的一种管理方式，当然前提是财务运转能够按照预算进行，并且预算比较符合学校发展实际。”（HN，0418）

（二）不同专任教职工规模民办高校举办者管理权均值差异分析

比较不同专任教职工规模民办高校举办者财务管理权的均值，发现不同

专任教职工规模的民办高校举办者财务管理权在收支管理权、风险管理权方面存在显著差异。专任教职工规模为500—800人的民办高校举办者收支管理权、风险管理权均值显著高于专任教职工规模在300人以下的民办高校举办者、800人以上的民办高校举办者。结果如表2-17所示。

表2-17　不同专任教职工规模民办高校举办者财务管理权均值方差分析摘要表

		平方和	自由度（df）	均方（MS）	F检验	事后比较
预决算管理权	组间	3.844	3	1.281	2.387	
	组内	78.375	146	.537		
	总数	82.219	149			
收支管理权	组间	7.689	3	2.563	4.057**	C＞A
	组内	92.223	146	.632		C＞D
	总数	99.912	149			
项目和资产管理权	组间	4.149	3	1.383	1.730	
	组内	116.726	146	.799		
	总数	120.875	149			
风险管理权	组间	7.705	3	2.568	3.960**	C＞A
	组内	94.693	146	.649		C＞D
	总数	102.398	149			

注：（1）* $p < .05$，** $p < .01$；

（2）A：300人以下，B：300—500人，C：500—800人，D：800人以上

（三）不同在校生规模民办高校举办者均值差异分析

比较不同在校生规模的民办高校举办者财务管理权均值，发现不同在校

生规模的民办高校举办者财务管理权在预决算管理权、收支管理权、风险管理权层面存在显著差异。在校生规模为 5 000 人以下的民办高校举办者，预决算管理权均值显著小于在校生规模为 10 000—20 000 人以及 30 000 人以上的民办高校举办者，收支管理权均值显著小于在校生规模为 5 000—10 000 人的民办高校举办者、30 000 人以上的民办高校举办者，风险管理权均值显著小于在校生规模为 5 000—10 000 人、10 000—20 000 人的民办高校举办者；在校生规模为 20 000—30 000 人的民办高校举办者，预决算管理权均值显著小于其他组别民办高校举办者，收支管理权均值显著小于在校生规模为 5 000—10 000 人、10 000—20 000 人、30 000 人以上的民办高校举办者；在校生规模为 10 000—20 000 人的民办高校举办者，风险管理权均值显著大于在校生规模为 5 000 人以下、20 000—30 000 人的民办高校举办者。结果如表 2-18 所示。

表 2-18　不同在校生规模民办高校举办者财务管理权均值方差分析摘要表

		平方和	自由度（df）	均方（MS）	F 检验	事后比较
预决算管理权	组间	9.240	4	2.310	4.590**	C＞A，E＞A
	组内	72.979	145	.503		A＞D，B＞D
	总数	82.219	149			C＞D，E＞D
收支管理权	组间	7.686	4	1.921	3.021*	B＞A，E＞A
	组内	92.227	145	.636		B＞D，C＞D
	总数	99.913	149			E＞D
资产管理权	组间	4.599	4	1.150	1.434	
资产管理权	组内	116.276	145	.802		
	总数	120.875	149			

续表

		平方和	自由度（df）	均方（MS）	F 检验	事后比较
风险管理权	组间	10.408	4	2.602	4.101**	B＞A
	组内	91.990	145	.634		C＞A
	总数	102.398	149			C＞D

注：（1）$*p < .05$，$**p < .01$；

（2）A：5 000 人以下，B：5 000—10 000 人，C：10 000—20 000 人，D：20 000—30 000 人，E：30 000 人以上

师生规模代表了学校的办学规模。访谈中发现，学校规模越大，举办者对学校财务管理的关切也就越重。一位较大规模学校举办者谈道：

预算肯定是需要我审批的，平时一些额外支出、大额支出我也要看一下，只要没有什么问题基本上就签了，但基本上都是按照预算走的。学校摊子大，面对的风险也大，没钱没法运转，财务出问题学校运转肯定出问题。（YC,0824）

上述对民办高校举办者财务管理权的差异分析显示，相对于其他方面管理权，举办者财务管理权受学校和举办者等因素影响较少，仅不同办学层次与不同在校生规模民办高校举办者在预决算管理、不同师生规模民办高校举办者在收支管理与风险管理层面存在显著差异。说明总体上民办高校举办者对学校财务尤其是预决算、收支管理的监管比较严格，访谈也验证了数据结果这一发现。“财务管理权我肯定要把握，没有财务管理权，哪里来的管理权？”（AHH，0714）

三、不同背景特征民办高校举办者人事管理权差异分析

（一）不同类型民办高校举办者均值差异分析

比较不同类型民办高校举办者人事管理权均值，发现不同类型的民办高校举办者人事管理权在中层以下人员管理权、人事制度制定权方面存在显著差异。民办高校二代接班人的中层以下人员管理权、人事制度制定权均值显著高于民办高校初始举办者、变更后举办者。结果如表 2-19 所示。

表 2-19　不同类型民办高校举办者人事管理权均值方差分析摘要表

		平方和	自由度（df）	均方（MS）	F 检验	事后比较
高层管理者任免权	组间	2.012	2	1.006	1.712	
	组内	86.422	147	.588		
	总数	88.434	149			
中层以下人员管理权	组间	13.467	2	6.734	8.593**	B > A
	组内	115.193	147	.784		B > C
	总数	128.660	149			
人事规划权	组间	3.754	2	1.877	5.069	
	组内	123.508	147	.840		
	总数	127.262	149			
人事制度制定权	组间	7.089	2	3.545	3.758**	B > A
	组内	102.794	147	.699		B > C
	总数	109.883	149			

注：（1）*p < .05，**p < .01；

（2）A：初始举办者，B：二代接班人，C：变更后举办者

访谈中了解到，初始举办者、二代接班人以及更替后的举办者，均未放

松高层管理者任免与人事规划方面的权力。“董事会里面的成员都是我邀请来的……每年的人事规划，比如要进多少人、按照什么标准引进人才，都是我来定，至于最后谁进来了，那是人事处的工作，最后名单给我看一下就行。”（YC，0824）随着二代接班人成为民办高校的新兴领导力量，他们开始有意识地纠正民办高校发展中暴露出来的管理人员断层、人事制度不健全等问题。但在中层以下人员的管理方面，举办者是否应以权力介入，争议颇多。“如果举办者连中层以下人员的聘用、考核都要参与，就属于过度参与了。”（HT，1022）

（二）不同办学层次民办高校举办者均值差异分析

比较不同办学层次民办高校举办者人事管理权均值，发现不同办学层次的民办高校举办者在高层管理者任免权、人事规划权方面存在显著差异。本科层次民办高校举办者的高层管理者任免权均值显著高于专科 / 高职层次民办高校举办者、硕士研究生层次民办高校举办者；硕士研究生层次民办高校举办者人事规划权均值显著高于专科 / 高职层次民办高校举办者。结果如表 2-20 所示。

表 2-20 不同办学层次民办高校举办者人事管理权均值差异分析摘要表

		平方和	自由度（df）	均方（MS）	F 检验	事后比较
高层管理者任免权	组间	4.921	2	2.460	4.331*	B > A
	组内	83.514	147	.568		B > C
	总数	88.435	149			
中层以下人员管理权	组间	4.789	2	2.395	2.842	
	组内	123.871	147	.843		
	总数	128.660	149			

续表

		平方和	自由度（df）	均方（MS）	F 检验	事后比较
人事规划权	组间	6.687	2	3.344	4.076*	C ＞ A
	组内	120.575	147	.820		
	总数	127.262	149			
人事制度制定权	组间	1.990	2	.995	1.356	
	组内	107.893	147	.734		
	总数	109.883	149			

注：（1）$*p < .05$，$**p < .01$；

（2）A：专科/高职，B：本科，C：硕士研究生

访谈样本中有两位民办本科高校举办者与一位民办专科高校举办者，对比三所学校情况可以发现，举办者的人事管理权与学校层次、规模、内部治理结构等多种因素相关。“董事会主席是我家人，董事会成员基本都是我邀请的。”（YC，0824）“我自己做董事长、校长，挺好的。决策高效、便捷，执行起来也快。”（AHH，1014）虽然数据显示不同办学层次民办高校举办者人事管理权在高层管理者任免权方面有所差异，但是高层管理者任免是各层次民办高校举办者人事管理权中最为核心的问题，因为举办者对高层管理者的掌控能力直接决定了其对整个学校的掌控程度。

（三）不同办学年限民办高校举办者均值差异分析

比较不同办学年限民办高校举办者人事管理权均值，发现不同办学年限的民办高校举办者在高层管理者任免权、人事规划权方面存在显著差异。办学年限为 6—10 年的民办高校举办者高层管理者任免权均值显著低于办学年限在 5 年以下民办高校举办者、16—20 年民办高校举办者、20 年以上民办高校举办者，人事规划权均值显著低于办学年限为 16—20 年的民办高校举办

者、办学年限为20年以上民办高校举办者。结果如表2-21所示。

表2-21　不同办学年限民办高校举办者人事管理权均值方差分析摘要表

		平方和	自由度（df）	均方（MS）	F检验	事后比较
高层管理者任免权	组间	11.597	4	2.899	5.471**	A > B
	组内	76.837	145	.530		D > B
	总数	88.434	149			E > B
中层以下人员管理权	组间	5.653	4	1.413	1.666	
	组内	123.007	145	.848		
	总数	128.660	149			
人事规划权	组间	8.169	4	2.042	2.487*	D > B
	组内	119.093	145	.821		E > B
	总数	127.262	149			
人事制度制定权	组间	6.129	4	1.532	2.141	
	组内	103.754	145	.716		
	总数	109.883	149			

注：（1）*$p < .05$，**$p < .01$；

（2）A：5年以下，B：6—10年，C：11—15年，D：16—20年，E：20年以上

高层管理者任免与人事规划权是民办高校举办者人事管理权四个方面中均值最大的两项，也是受举办者和学校因素影响最多的两项。办学年限对举办者人事管理权的影响，反映了举办者在办学过程中不断探索权力定位和用权方式的过程。比如在校长人选问题方面，一位举办者谈道：

把高层管理者把握住了，学校的人事基本就稳住了。在学校发展过程中，

我们也需要不断摸索怎么去发挥董事会的作用，我自己是校长还好，不用担心这一块，如果自己不是校长，那么怎么去选聘校长、选聘什么样的校长，也是需要不断积累经验的。（YC，0824）

（四）不同专任教职工规模民办高校举办者差异分析

比较不同专任教职工规模民办高校举办者人事管理权均值，发现不同专任教职工规模的民办高校举办者人事管理权在高层管理者任免权、中层以下人员管理权、人事规划权层面存在显著差异。在高层管理者任免权方面，专任教职工规模为300人以下的民办高校举办者均值显著低于专任教职工规模为500—800人的民办高校举办者、800人以上民办高校举办者；在中层以下人员管理权方面，专任教职工规模为300人以下的民办高校举办者均值显著高于专任教职工规模为300—500人的民办高校举办者、800人以上的民办高校举办者，专任教职工规模为500—800人的民办高校举办者均值显著高于专任教职工规模为300—500人的民办高校举办者、800人以上的民办高校举办者；在人事规划权方面，专任教职工规模为500—800人的民办高校举办者均值显著高于专任教职工规模为300人以下的民办高校举办者、300—500人的民办高校举办者。结果如表2-22所示。

表2-22 不同专任教职工规模民办高校举办者人事管理权均值方差分析摘要表

		平方和	自由度（df）	均方（MS）	F检验	事后比较
高层管理者任免权	组间	5.975	3	1.992	3.526*	C＞A
	组内	82.460	146	.565		D＞A
	总数	88.434	149			
中层以下人员管理权	组间	9.890	3	3.297	4.053**	A＞B，A＞D
	组内	118.770	146	.813		C＞B，C＞D

续表

		平方和	自由度（df）	均方（MS）	F 检验	事后比较
中层以下人员管理权	总数	128.660	149			
人事规划权	组间	6.991	3	2.330	2.829*	C＞A
	组内	120.271	146	.824		C＞B
	总数	127.262	149			
人事制度制定权	组间	4.015	3	1.338	1.846	
	组内	105.868	146	.725		
	总数	109.883	149			

注：（1）$*p < .05$，$**p < .01$；

（2）A：300 人以下，B：300—500 人，C：500—800 人，D：800 人以上

（五）不同在校生规模民办高校举办者均值差异分析

比较不同在校生规模民办高校举办者人事管理权均值，发现不同在校生规模的民办高校举办者人事管理权在高层管理者任免权、中层以下人员管理权方面存在显著差异。在高层管理者任免权方面，在校生规模在 5 000 人以下的民办高校举办者均值显著低于在校生规模在 5 000—10 000 人、10 000—20 000 人、30 000 人以上的民办高校举办者；在中层以下人员管理权方面，在校生规模在 10 000—20 000 人的民办高校举办者均值显著低于在校生规模在 5 000 人以下、30 000 人以上的民办高校举办者，在校生规模在 5 000—10 000 人的民办高校举办者均值显著低于在校生规模在 30 000 人以上的民办高校举办者。结果如表 2-23 所示。

表 2-23　不同在校生规模民办高校举办者人事管理权均值方差分析摘要表

		平方和	自由度（df）	均方（MS）	F 检验	事后比较
高层管理者任免权	组间	9.408	4	2.352	4.316**	B > A
	组内	79.026	145	.545		C > A
	总数	88.434	149			E > A
中层以下人员管理权	组间	11.033	4	2.758	3.400*	A > C
	组内	117.627	145	.811		E > B
	总数	128.660	149			E > C
人事规划权	组间	5.575	4	1.394	1.661	
	组内	121.687	145	.839		
	总数	127.262	149			
人事制度制定权	组间	4.292	4	1.073	1.474	
	组内	105.591	145	.728		
	总数	109.883	149			

注：（1）*p < .05，**p < .01；

（2）A：5 000 人以下，B：5 000—10 000 人，C：10 000—20 000 人，D：20 000—30 000 人，E：30 000 人以上

人的管理是组织管理中最为复杂的一项。不同规模组织的管理者，一般会结合学校实际情况对人事管理的各个方面有所侧重，并且其侧重点及其治理结构直接影响人事管理的效率。比较不同规模的民办高校举办者或管理者的访谈发现，民办高校举办者人事管理权的重点以及运行方式与学校人员现有规模下举办者控制情况、组织结构完备情况、人员文化氛围以及举办者精力等密切相关。比如，在一些师生规模较大、核心机构相对健全的民办高校，

为确保控制权，举办者会比较重视高层管理者任免、人事规划等权力，相对下放中层以下人员管理权。

（六）不同分类选择意向民办高校举办者均值差异分析

比较不同分类选择意向的民办高校举办者人事管理权均值，发现不同意向的民办高校举办者人事管理权在高层管理者任免权方面存在显著差异。营利性的民办高校举办者高层管理者任免权均值显著低于非营利性的民办高校举办者、不确定的民办高校举办者。结果如表 2-24 所示。

表 2-24　不同分类选择意向民办高校的举办者人事管理权均值方差分析摘要表

		平方和	自由度（df）	均方（MS）	F 检验	事后比较
高层管理者任免权	组间	9.895	2	4.948	9.260**	B > A
	组内	78.539	147	.534		C > A
	总数	88.434	149			
中层以下人员管理权	组间	2.561	2	1.281	1.493	
	组内	126.099	147	.858		
	总数	128.660	149			
人事规划权	组间	.817	2	.409	.475	
	组内	126.445	147	.860		
	总数	127.262	149			
人事制度制定权	组间	1.149	2	.574	.777	
	组内	108.734	147	.740		
	总数	109.883	149			

注：（1）*p < .05，**p < .01；

（2）A：营利性，B：非营利性，C：不确定

分类管理对民办高校尤其是非营利性的民办高校举办者管理权的挑战，在人事权方面的影响突出表现在高层管理者任免权方面。在访谈地方主管部门负责人的过程中，大部分受访者也指出了这一点：

确保在董（理）事会中的主导权或话语权一直是民办高校举办者最为关注的点。如果董事会中大部分成员都听举办者，那么即使举办者选择非营利性，也能确保自己对学校的控制权。（SHD，0420）

四、不同背景特征民办高校举办者教学科研管理权均值差异分析

（一）不同类型民办高校举办者均值差异分析

比较不同类型民办高校举办者教学科研管理权均值，发现在不同类型的民办高校举办者在总体规划权、教学监管权和科研监管权层面存在显著差异。民办高校二代接班人的总体规划权、教学监管权和科研监管权均值显著高于民办高校初始举办者、民办高校变更后举办者。结果如表 2-25 所示。

表 2-25　不同类型民办高校举办者教学科研管理权均值方差分析摘要表

		平方和	自由度（df）	均方（MS）	F 检验	事后比较
总体规划权	组间	17.804	2	8.902	10.685**	B > A
	组内	122.467	147	.833		B > C
	总数	140.271	149			
教学监管权	组间	24.703	2	12.351	16.128**	B > A
	组内	112.577	147	.766		B > C
	总数	137.280	149			

续表

		平方和	自由度（df）	均方（MS）	F 检验	事后比较
科研监管权	组间	25.660	2	12.830	14.943**	B＞A
科研监管权	组内	126.213	147	.859		B＞C
	总数	151.873	149			

注：（1）$*p < .05$，$**p < .01$；

（2）A：初始举办者，B：二代接班人，C：变更后举办者

如前所述，相对于初始举办者，二代接班人强化了教学科研管理权，并且这种趋势也明显地在教学科研管理权的各个层面呈现出来。

（二）不同职务民办高校举办者均值差异分析

比较不同职务民办高校举办者教学科研管理权均值，发现不同职务民办高校举办者的教学科研管理权在总体规划权、教学监管权和科研监管权层面存在显著差异。在总体规划权方面，担任学校董事长的民办高校举办者均值显著低于担任学校书记、兼任多项高层职务、无行政职务的民办高校举办者，担任校长的民办高校举办者均值显著低于兼任多项高层职务的民办高校举办者；在教学监管权方面，担任学校董事长的民办高校举办者均值显著低于担任学校书记、兼任多项高层职务、无行政职务的民办高校举办者，担任校长的民办高校举办者均值显著低于担任书记、兼任多项高层职务的民办高校举办者；在科研监管权方面，担任学校董事长的民办高校举办者均值显著低于担任学校书记、兼任多项高层职务的民办高校举办者，担任校长的民办高校举办者均值显著低于担任书记的民办高校举办者。结果如表 2-26 所示。

表 2-26　不同职务民办高校举办者教学科研管理权均值方差分析摘要表

		平方和	自由度（df）	均方（MS）	F 检验	事后比较
总体规划权	组间	18.744	4	4.686	5.591**	C＞A，D＞A
	组内	121.527	145	.838		E＞A，D＞B
	总数	140.271	149			
教学监管权	组间	29.464	4	7.366	9.906**	C＞A，D＞A
	组内	107.816	145	.744		E＞A，C＞B
	总数	137.279	149			D＞B
科研监管权	组间	23.256	4	5.814	6.554**	C＞A
	组内	128.618	145	.887		D＞A
	总数	151.873	149			C＞B

注：（1）$*p < .05$，$**p < .01$；

（2）A：董事长，B：校长，C：书记，D：兼任多项高层职务，E：无行政职务

访谈中了解，举办者在学校担任的职务与举办者参与学校管理的深度及其背景密切相关。比如，在学校兼任多项高层职务的举办者，在创办学校之前多为教育工作者且将学校作为唯一的事业，既能够全身心投入学校日常管理，又具备一定的教学管理经验，因此，教学科研管理权较大；相反，担任学校董事长的举办者，多为拥有企业等其他事业、教学管理经验较少或者可以投入学校的精力有限，因此其管理权在教学科研方面相对较小。“以前我自己做校长、书记、董事长，没事就待在学校，到处瞅瞅转转，有问题随时解决。”（YC，0824）

（三）不同办学层次民办高校举办者均值差异分析

比较不同办学层次民办高校举办者教学科研管理权均值，发现不同办学

层次的民办高校举办者教学科研管理权在教学监管权和科研监管权层面存在显著差异。本科层次民办高校举办者的教学监管权、科研监管权均值显著低于专科 / 高职层次民办高校举办者、硕士研究生层次民办高校举办者。结果如表 2-27 所示。

表 2-27　不同办学层次民办高校举办者教学科研管理权均值方差分析摘要表

		平方和	自由度（df）	均方（MS）	F 检验	事后比较
总体规划权	组间	5.188	2	2.594	2.823	
	组内	135.083	147	.919		
	总数	140.271	149			
教学监管权	组间	5.768	2	3.736	4.230*	A > B
	组内	73.146	147	.883		C > B
	总数	78.914	149			
科研监管权	组间	6.796	2	4.322	4.436*	A > B
	组内	83.007	147	.974		C > B
	总数	89.803	149			

注：（1）*$p < .05$，**$p < .01$；

（2）A：专科 / 高职，B：本科，C：硕士研究生

访谈中了解到，专科 / 高职类民办高校与硕士研究生层次民办高校面临的教学科研质量挑战和压力更为突出，亟须举办者强化对教学科研质量的监管，不断提高教育质量。一些举办者已经意识到这个问题：

自从民办高校获得硕士研究生招生资格以后，社会和公办高校一直在质疑硕士研究生的质量。所以，一定要狠抓质量，证明我们也可以培养出优秀

的研究生，并且要有更多的民办高校争取获得硕士点。（YC，0824）

（四）不同办学年限民办高校举办者教学科研管理权均值差异分析

比较不同办学年限民办高校举办者教学科研管理权均值，发现不同办学年限的民办高校举办者教学科研管理权在教学监管权和科研监管权层面存在显著差异。在教学监管权方面，办学年限为6—10年的民办高校举办者均值显著高于办学年限为5年以下、11—15年、16—20年的民办高校举办者；办学年限为20年以上的民办高校举办者均值显著高于办学年限为5年以下、16—20年的民办高校举办者。在科研监管权方面：办学年限为6—10年的民办高校举办者均值显著高于办学年限为5年以下、11—15年、16—20年的民办高校举办者；办学年限为20年以上的民办高校举办者均值显著高于办学年限为11—15年、16—20年的民办高校举办者。结果如表2-28所示。

表2-28　不同办学年限民办高校举办者教学科研管理权均值方差分析摘要表

		平方和	自由度（df）	均方（MS）	F检验	事后比较
总体规划权	组间	6.255	4	1.564	1.692	
	组内	134.016	147	.924		
	总数	140.271	149			
教学监管权	组间	14.792	4	3.698	4.378**	B＞A，B＞C，B＞D
	组内	122.488	147	.845		E＞A，E＞D
	总数	137.280	149			
科研监管权	组间	15.994	4	3.998	4.267**	B＞A，B＞C，B＞D

续表

		平方和	自由度（df）	均方（MS）	F 检验	事后比较
科研监管权	组内	135.879	147	.937		E > C，E > D
	总数	151.873	149			

注：（1）*p < .05，**p < .01；

（2）A：5 年以下，B：6—10 年，C：11—15 年，D：16—20 年，E：20 年以上

数据结果显示，成立 6—10 年与 20 年以上民办高校举办者的教学监管权和科研监管权较大，其他成立年限民办高校举办者的教学监管权和科研监管权普遍偏小。这与当前民办高校举办者对教学科研监管不足的现状较为相符。访谈中了解，大部分民办高校举办者更为注重高层人事管理和财务管理，虽然其了解教学科研的重要性，但由于缺乏相关知识或者教学科研质量提升的长期性等原因，举办者在教学科研方面的参与方式欠合理或者参与程度不当。比如，成立 6—10 年的民办高校刚刚进入发展的稳定期，举办者的注意力开始从组织制度、人事等方面向教学科研分散；成立 20 年以上的民办高校多为最早一批民办高校，在完成一个积累周期之后，举办者面临特色突破、学校转型发展等问题，开始加强对教学科研管理的干预。

（五）不同专任教职工规模民办高校举办者均值差异分析

比较不同专任教职工规模民办高校举办者教学科研管理权均值，发现不同专任教职工规模的民办高校举办者教学科研管理权在教学监管权、科研监管权层面存在显著差异。学校专任教职工规模为 300 人以下的民办高校举办者，教学监管权均值显著高于学校专任教职工规模为 300—500 人、500—800 人、800 人以上的民办高校举办者，科研监管权均值显著高于专任教职工规模为 300—500 人、500—800 人、800 人以上的民办高校举办者。结果如表 2-29 所示。

表 2-29　不同专任教职工规模民办高校举办者教学科研管理权均值方差分析摘要表

		平方和	自由度（df）	均方（MS）	F 检验	事后比较
总体规划权	组间	5.308	3	1.769	1.914	
	组内	134.963	146	.924		
	总数	140.271	149			
教学监管权	组间	11.366	3	3.789	4.393**	A > B
	组内	125.914	146	.862		A > C
	总数	137.280	149			A > D
科研监管权	组间	10.386	3	3.462	3.572*	A > B
	组内	141.487	146	.969		A > C
	总数	151.873	149			A > D

注：（1）$*p < .05$，$**p < .01$；

（2）A：300 人以下，B：300—500 人，C：500—800 人，D：800 人以上

（六）不同在校生规模民办高校举办者均值差异分析

比较不同在校生规模民办高校举办者教学科研管理权均值，发现不同在校生规模的民办高校举办者教学科研管理权在总体规划权、教学监管权、科研监管权层面存在显著差异。在总体规划权方面，在校生规模为 5 000 人以下的民办高校举办者均值显著高于在校生规模为 5 000—10 000 人、10 000—20 000 人的民办高校举办者；在教学监管权方面，在校生规模在 5 000 人以下的民办高校举办者均值显著高于在校生规模为 5 000—10 000 人、10 000—20 000 人、20 000—30 000 人的民办高校举办者，在校生规模为 10 000—20 000 人的民办高校举办者均值显著高于在校生规模为 20 000—30 000 人的民办高校举办者；在科研监管权方面，在校生规模为 5 000 人以下的民办高

校举办者均值显著高于在校生规模为 5 000—10 000 人、10 000—20 000 人、20 000—30 000 人的民办高校举办者，在校生规模为 10 000—20 000 人的民办高校举办者均值显著高于在校生规模为 20 000—30 000 人的民办高校举办者。结果如表 2-30 所示。

表 2-30　不同在校生规模民办高校举办者教学科研管理权均值方差分析摘要表

		平方和	自由度（df）	均方（MS）	F 检验	事后比较
总体规划权	组间	9.953	4	2.488	2.769*	A > B
	组内	130.318	145	.899		A > C
	总数	140.271	149			
教学监管权	组间	17.021	4	4.255	5.131**	A > B
	组内	120.259	145	.829		A > C
	总数	137.279	149			C > D
科研监管权	组间	15.426	4	3.857	4.098**	A > B
	组内	136.447	145	.941		A > C
	总数	151.873	149			C > D

注：（1）*p < .05，**p < .01；

（2）A：5 000 人以下，B：5 000—10 000 人，C：10 000—20 000 人，D：20 000—30 000 人，E：30 000 人以上

数据结果显示，师生规模较小的民办高校举办者教学科研管理权尤其是教学监管和科研监管权水平更高。这类学校多为以教学为主、注重产教融合的专科 / 高职类院校，举办者更加重视教学和科研质量，也更便于对教育科研进行监管。而规模较大民办高校举办者在教学科研监管方面面对的困难和挑战相对更大，因此权力下放幅度更大或者用权不到位更为明显。“学校摊子

太大了，举办者精力有限，很多事情都放手给校长负责，教学方面很少问，校长述职的时候汇报一下就可以。”（NY，1009）

（七）不同分类选择意向民办高校举办者均值差异分析

比较不同分类选择意向民办高校举办者教学科研管理权均值，发现不同分类选择意向的民办高校举办者教学科研管理权均值在总体规划权、教学监管权、科研监管权层面存在显著差异。倾向于选择营利性的民办高校举办者总体规划权、教学监管权、科研监管权均值显著高于倾向于选择非营利性的民办高校举办者，教学监管权、科研监管权均值显著高于选择意向不确定的民办高校举办者。结果如表 2-31 所示。

表 2-31　不同分类选择意向民办高校举办者教学科研管理权均值方差分析摘要表

		平方和	自由度（df）	均方（MS）	F 检验	事后比较
总体规划	组间	9.694	2	4.847	5.457**	A > B
	组内	130.577	147	.888		
	总数	140.271	149			
教学监管	组间	14.823	2	7.412	8.897**	A > B
	组内	122.456	147	.833		A > C
	总数	137.279	149			
科研监管	组间	16.839	2	8.420	9.166**	A > B
	组内	135.034	147	.919		A > C
	总数	151.873	149			

注：（1）*$p < .05$，**$p < .01$；

（2）A：营利性，B：非营利性，C：不确定

如前所述，分类管理对营利性民办高校的生存发展挑战更大。举办者释

放这种生存和发展压力的重要渠道就是不断强化对教学科研管理的监管，提高并保证学校的教学科研质量。但同时这种对比也反映出非营利性民办高校举办者和分类选择意向尚不明确民办高校举办者强化教学科研管理的意识弱于营利性民办高校举办者。

本章前述数据分析显示，民办高校举办者管理权水平受举办者类型、所任职务等个人因素和办学年限、层次、师生规模、分类选择意向等学校因素影响。民办高校举办者的类型、担任职务以及学校分类选择意向一定程度上反映了其能够投入到学校的时间、精力以及举办学校的动机，直接影响举办者对学校各方面事务的侧重程度。同时，学校办学年限、层次和师生规模一定程度上反映了学校的发展历程、规模、质量，这些既与举办者的管理能力相关，也决定了举办者在学校管理各方面有所取舍和侧重。比如，规模较小的专科 / 高职层次民办高校将教学置于学校工作的重要位置，这种情况下教学监管在举办者管理权中的比重会较高，即专科 / 高职民办高校举办者的教学监管权可能会大于其他类型民办高校的举办者。

综上所述，研究通过问卷调查对民办高校举办者管理权以及组织与制度建设管理权、财务管理权、人事管理权、教学科研管理权进行实证分析，了解了民办高校举办者管理权各层面水平以及不同背景特征民办高校举办者管理权的差异，初步明确了举办者管理权的重点、问题较为突出的层面，访谈资料也对问卷调查结果进行了初步印证。以下四章将以问卷结果为指引，以访谈资料分析为主要佐证材料，以基础理论启示为思路，分别分析讨论民办高校举办者的组织与制度建设管理权、财务管理权、人事管理权和教学科研管理权，明晰举办者行使各管理权的应然逻辑或思路，深入剖析实际问题及成因，并提出优化举办者管理权的基本路径。

第三章

组织与制度建设
管理权及其实现

数据分析发现，民办高校举办者管理权中组织与制度建设管理权水平最高（均值 =4.14），并受举办者类型、在学校担任职务、学校层次、师生规模、学校分类选择意向等因素影响。在民办高校举办者组织与制度建设管理权的三个层面中，学校发展规划权的水平最高（均值 =4.21）、核心机构设置权的水平最低（均值 =4.03）。说明民办高校举办者的组织与制度建设管理权比较充分，也比较符合我国民办高校内部权力结构现状。同时也暴露了民办高校举办者组织与制度建设管理权过于集中等问题。本章将基于问卷数据，结合访谈资料以及相关理论，明确实现民办高校举办者组织与制度建设管理权的基本逻辑，深入剖析存在的主要问题及其成因，提出优化的基本路径。

第一节　主要问题

一、机构不健全、权责不清晰

本研究调查样本中，98.6% 民办高校举办者主导学校决策机构建设，91.4% 民办高校举办者主导学校监督机构建设，92.6% 民办高校举办者协助党组织建设。说明民办高校的决策、监督机构的管理权主要由举办者掌握，尚未实现决策权、监督权、行政权主体分立。进一步访谈发现，虽然民办高校举办者拥有学校核心机构建设的主导性权力，但是由于内外部复杂制度环境的影响，一些民办高校举办者虚置或拒绝设置个别机构，导致学校内部权力配置陷入迷乱困局。

（一）核心机构不健全，决策权、监督权及其主体尚未完全分立

一是虚置决策机构，学校重大决策出自他处。作为核心机构建设的主导者，民办高校举办者完善内部治理结构、建立真正意义上的现代大学制度，首先要保证学校组织机构和制度的健全性和完整性，在此基础上确保机构和

制度功能的有效性。访谈发现，当前大部分民办高校举办者已经按照法规要求设置了董（理）事会等决策机构，但却未推动董（理）事会运行正常化，虚设、选择性运行或拒设核心机构的问题较为突出，甚至将学校重大决策权握于个人手中或者在其担任校长的校务委员会、校长办公会等部门进行学校重大事务决策，导致董（理）事会流于形式、实质性功能缺乏。

董事是我请来的，决策还是要听我的……董事会只是一个形式，为了满足要求，我自己全盘决策就可以……我是校长，学校的重大决策主要是在校务委员会上进行，大家讨论一下、提提意见，就可以了。（20170824，YC）

二是党组织独立性不足，党委书记权力受限。首先，民办高校举办者担任或兼任党委书记的情况较为普遍。本研究问卷调查样本中，11.6% 的民办高校举办者专职担任学校党委书记，另有 3.6% 的举办者在担任董事长或校长等要职之外兼任党委书记。其次，党组织的职能有限。很多民办高校举办者不能真正将“党组织对学校的发展规划、人事安排、财务预算、基本建设、招生收费等重大事项提出意见建议，参与研究讨论”的规定落到实处，限制党组织负责人对学校教学和行政管理工作重大问题的建议权、监督权，导致党组织的权威与重要性不同程度上被削弱。有调查发现，民办高校党委书记参与学校重大工作决策者所占比例也比较低，民办学校党委拥有的干部任用、预算财务权力范围很有限，学校财务审批权主要由校长或者董事长掌握，党委书记掌握财务审批权的几乎为零。①

三是拒绝设置监督机构，或者将监督机构定性为决策机构的附属机构。访谈中了解到，许多民办高校举办者利用对组织和机构的控制权排斥设立监督机构，或者弱化监督机构的功能。有学者就监督机构设置问题对全国工商

① 刘莉，林长兴．民办高校党组织功能定位与作用发挥研究[J]．理论导刊，2013，(10)：64-66.

联民办高等教育协会下属的45所民办院校进行问卷调查，发现只有8所民办高校单独设立了监督机构，这8所高校中只有1所设立了监事会，其他则是兼具监督功能的教授委员会、教学质量督导委员会、教职工代表大会、财务审计部等部门，这些部门附属并服务于学校的决策机构，没有与决策机构、执行机构形成独立制衡的关系。[①] 在本研究调研的两所民办高校中，1所未设置监事会；1所设立了监事会，但成员由举办者选派，监事会监督对象主要是外聘校长等管理者，对学校内部权力制衡和管理行为的督促作用有限。

我们监事会还比较弱，现在有三个监事，都是举办者派的，三个主办者各派一个。这三个监事基本上就列席理事会，没有明确监事监督理事会的运作情况的职责，好像是作为理事会的一个附属机构，所以他们的监督能力比较有限。（YX，1013）

我们学校没有监事会，全国民办高校有监事会的很少。有监事会的民办高校一般也是举办者成立用来监督校长的，民办高校监事会失去了作为现代民办高校监督机构的职能。（NY，1009）

（二）决策、监督机构的设置是举办者因制度环境折中的结果

一些民办高校举办者建立董（理）事会领导下校长负责制，很大程度上是因为受到了制度环境的压力，尤其是法律规定和主管部门的强制要求。《民办教育促进法》《国务院关于鼓励社会力量兴办教育促进民办教育健康发展的若干意见》《中华人民共和国公司法》等都明确要求或建议民办高校健全现代学校制度，并将董（理）事会、监事会作为设立民办高校的必要条件。为了追求组织的合法性，民办高校举办者只能采取法规要求或者社会上被广为接受的组织形式，尽力在形式上符合法规和社会公认的规则，设立董（理）事会、监事会等治理机构。

---

① 董圣足．浅论民办高校监督制度的构建[J]．教育与职业，2010，(2)：5-7.

在外部制度环境的合法性要求，内部制度环境不成熟的压力下，民办高校举办者在学校内部建立了相对完善的治理组织架构。由于举办者个人因素限制或者民办高校内部环境、外部支持等条件不足，很多民办高校的内部治理机制往往流于形式，或只在有限范围内发挥作用。从民办高校举办者角度来看，运行董（理）事会的前提是举办者及其代表能够在董（理）事会中占据有利位置，从而可以维护个人的权利以及在学校治理中的话语权，不至于失去对学校发展的控制。从民办高校内部条件来看，董（理）事会成员是否具备主人翁意识、学校发展责任意识、切实从学校发展的角度参与董（理）事会工作，决定了董（理）事会能否真正发挥应有的作用。从民办高校董（理）事制度建设所需的社会支持来看，董（理）事会成员中的外部专家有多少时间和精力参与民办高校董（理）事会工作决定了其在董（理）事会中的作用和价值。目前，这些方面均存在不同程度上的问题，因此，民办高校举办者多采取折中措施，即在形式上确保学校内部组织和制度符合政策法规和社会的合法性要求，但不支持这些机构切实发挥应有的作用。这与学校内部治理机制和能力有关。

这些管理人员不会替你操心学校发展得怎么样，也不会替你去做长远打算，你必须自己去想。只要你是为了学校的发展，自己做决策效率更高，学校师生也会支持你。（GZ，1127）

二、举办者充分参与学校规划，但持续性不足

本研究问卷调查样本中，96.7%民办高校举办者参与确定学校办学方针或宗旨，97.3%民办高校举办者参与审定学校中长期发展规划，95.4%民办高校举办者决定学校院系分立合并事宜，88.6%民办高校举办者审批院系设置与调整，94%民办高校举办者决定校园规划。说明民办高校举办者参与学校规划管理的权力非常充分。进一步访谈发现，民办高校发展规划不仅需要举

办者参与制定，还需要举办者持续监督规划的实施，但是受时间以及知识结构的限制，民办高校举办者跟踪、监督规划实施的权力较弱，不利于发展规划贯彻到底。

（一）民办高校举办者对学校发展规划的制定情况监督不到位

按照传统高校内部管理理念，制定学校发展规划属于校长的权力范围。很多民办高校也延续传统的管理体制，即校长制定发展规划、董（理）事会审批之后再由以校长为代表的行政管理层实施。由于民办高校校长负责制尚不完善，上述模式在民办高校不具有普适性，并且已经暴露诸多问题。比如校长更换频繁问题，“学校这几年换了好几个校长了。校级领导还是一个很关键的职位，这样对学校发展影响很大”。（YX，1013）

虽然民办高校举办者在学校发展规划管理中的话语权很大，但是对发展规划的进展和完成情况监督不足，导致学校发展规划持续贯彻难度较大。这主要涉及民办高校内部两个方面的问题。一是民办高校外聘校长稳定性不足，导致学校发展规划中断或推倒重来的现象较多。按照习惯，学校发展规划一般由校长制定，董（理）事会审核批准。由于我国民办高校董（理）事会领导下校长负责制尚不完善，再加上举办者与校长的办学理念契合性不足，民办高校校长更换频繁的现象较为突出，影响学校发展规划的持续性。二是民办高校面向市场办学，在学校发展定位和规划方面，许多来自公办高校或其他行政管理部门外聘校长缺乏市场经验，应对市场变化、及时调整发展规划的能力不及举办者。制定符合学校实际的发展规划并保障发展规划的贯彻实施、及时灵活调整，需要民办高校举办者强化在发展规划监督方面的权力。

举办者创办一所学校，要办一所什么样的学校，有他自己的办学理念，这个理念主要是从办学定位、发展规划中体现出来的。发展规划应该由举办者主导制定。校长经常更换，但是学校发展规划不能随便换。上一任校长有他的规划，新来的校长不认可，非要换掉，学校怎么稳定发展？民办高校的

发展规划就应该由举办者制定，并监督实施。不能制定或审批之后就不管了，还要定期监督执行得怎么样。（NY，1009）

有些事情你让公办学校过来的人做，他做不了。民办学校跟公办学校不一样，那套思路在民办学校不适用。（YC，0824）

（二）民办高校举办者监督学校发展规划实施的精力有限

我国民办高校举办者群体类型多样、背景复杂，虽然在学校中担任的职责多样，但多数民办高校举办者投入到学校治理中的精力有限。总体上看，我国民办高校举办者可以笼统分为个人、企业和国有事业单位。早期成立的民办高校的举办者以具有教育情怀或教育工作经历的个人居多，一般担任学校的校长或董（理）事长，甚至二者兼任，并将民办高校作为毕生的事业。这种类型的举办者多全身心投入学校治理，全面深入参与学校的组织和制度建设，集决策权和执行权于一身。企业和国有事业单位举办者则明显不同。对于一些创办民办高校的公司或企业举办者，教育只是其庞大业务或集团中的一个模块。这种情况下，举办者一般派集团董事长作为举办者代表担任学校的董（理）事长或校长，并且举办者代表参与学校管理的精力非常有限，其管理权多停留在参与重大决策或知情监督层面。再如一些国有民办型高校，国有企事业单位多为名义上的举办者，一般选派代表担任学校的董（理）事长或董（理）事等。但是在这种类型的民办高校，以举办者代表为主体的董（理）事会一般只是审批学校发展规划、目标定位等事项，将学校管理体制、规划制定等工作全部下放给学校内部。

举办者有这样一个大的企业在，很忙，主要通过理事会来参与学校管理，投入到学校发展规划方面的时间和精力要少一些。（1015，YX）

我们学校举办者是名义上的举办者，很少参与学校事务。我们董事会一年只召开一次，校长在董事会上述职，我来学校这么多年，只见过一次董事长，他们精力有限。（0824，SR）

三、制度虚置、章程无动态修订

本研究问卷调查样本中，98% 民办高校决策机构的议事机制由举办者决定，97.3% 民办高校董（理）事会的会议时间、频次由举办者决定，94% 民办高校的规章制度由举办者审定，94% 民办高校的管理体制由举办者主导。访谈也进一步证实民办高校核心机构的运行状况主要由举办者主导，并发现新《民办教育促进法》背景下举办者修订章程的积极性较差。这些问题既与前述民办高校内外部环境不成熟相关，也很大程度上受到地方主管部门监管态度的影响。

（一）核心机构运行受举办者主观影响较大，规则和制度多被虚置

制度可以制约、调节、规制组织以及组织成员的行为，具有促进稳定与保障秩序的功能。以现代大学制度为基础的内部管理制度，凝聚了民办高校内部运行规制、规范和文化认知等要素，体现了民办高校内部相对持久的特征和文化理念，并赋予民办高校日常运行牢固性与稳定性。一些民办高校机构运行主要由举办者主观意志决定，存在以下两个突出问题。

一是民办高校举办者主观意志代行制度功能，导致制度“空洞”或虚置。一般来说，民办高校章程或者董（理）事会章程中会明确规定董（理）事会召开的时间、频次，举办者则会通过查询董（理）事会会议记录来监督董事会决策过程并监督日常运转情况。但是，访谈发现，民办高校董（理）事会、监事会等机构的职权、运行方式的相关规定多停留在原则性层面，机构现实运作与制度规定不符、制度成为摆设等现象严重。比如，民办高校章程中一般规定了学校会定期召开董（理）事会，并且规定由董（理）事长负责召集或者由执行董（理）事长受董（理）事长的委托召集董（理）事会，但是未明确董（理）事会召开的时间、频次，董（理）事会具体召开时间主要由举办者视情况而定。虽然部分民办高校举办者在编制学校章程过程中初步建立了核心机构运行制度，但是并未对制度的完善和实际运行给予足够的权力支

持，导致制度“空洞”或“虚置”，机构运行受举办者主观影响控制。“学校董事会没有固定的召开时间，董事会想什么时候开就什么时候开，想起来就开、想不起来就不开。”（NY，1009）

二是民办高校举办者修订和完善章程的动力不足。章程作为现代大学制度的载体，上承国家教育法律法规、下启学校内部规章制度，是民办高校自主发展、重塑政校关系、以法治校的依据。新《民办教育促进法》中关于完善学校治理结构、保护举办者以及师生等群体权益的要求，进一步凸显了修订和完善民办高校章程的必要性和紧迫性。访谈发现，部分民办高校举办者尚未认识到学校章程的重要性、修订章程的紧迫性和必要性；有些民办高校举办者虽然已经认识到章程的重要性，但是对修订内容心存忧虑，担心在政府审批方面受阻，不能充分运用修订和完善章程的权力。“我在董事会上问我们董事长要不要修改章程，我们董事长没有说话。”（YX，1013）

（二）举办者与地方监管部门权力博弈致使章程修订悬置

章程建设既是民办高校办学自主权中举办者组织与制度建设管理权的内容，也是地方主管部门监管民办高校的重点。分类管理改革将民办高校章程修订工作提上议程，深化了民办教育主管部门、民办高校举办者以及民办高校对章程重要性的认知。民办高校需在章程中明确举办者参与学校管理的权限范围和程序，地方主管部门则通过审核备案予以监管。民办高校章程中举办者权限的范围和大小在何种程度上可以通过审核成为举办者和监管部门博弈的焦点：举办者希望尽量扩大自己的权限范围；地方主管部门，一方面担心放权过度不利于监管举办者的不良办学行为，另一方面担心监管太严会限制民办高校的办学自主权，不利于民办高校自主发展。因此，一些地方教育主管部门采取制定章程模板的折中方式，允许民办高校基于模板修订和完善学校章程。

（我们作为主管部门）对章程的管理主要还是针对公办高校，民办牵扯的利益太广泛，而且大家比较敏感，太严怕不尊重办学自主权，管理太松又流于形式，为有章程而有章程而已。对学校的章程，省里对高校、中小学可能会限定一个大体的框架，你可以在里面加内容，但是我们要求的内容学校章程里是必须要有的。（SHD，0420）

以后以章程治校的话，举办者的权利在章程里体现。让我们主管部门来说具体什么东西，还得摸索。我们希望国家层面有一个模板，具体要提哪些规范类要求，章程毕竟是董事会自己做，不然每个学校的章程五花八门……因为举办者决策，可能会把自己的权力放到无限大，用或不用是另外回事。如果他希望把这个权力在章程里面放得很大，这个章程就是不规范的。（SCH，0419）

这种做法可以保证民办高校章程在内容和形式上符合法律法规要求，便于地方主管部门审核，但不足之处尤为明显。一是导致全国民办高校章程雷同，难以满足民办高校自身需求，抑制民办高校特色；二是未充分尊重民办高校制定章程的自主权，使得民办高校举办者对修订章程工作持观望试探或保守态度。民办高校在政府既定模板下享有多大的发挥空间尚不明确，被否决的潜在可能性导致民办高校举办者对修订章程工作举棋不定。目前看不同省份的做法有所差异，举办者对主管部门将采取的行为存在猜疑。

对于章程，我们今后肯定要制定模板，在模板的框架下自由发挥。（HN，0418）

在之前把法律要义说透，怎么改是符合要求的，改完后看政策法规处如何审核。目前看有一个基本的结构，差别不是很大。（SHX，0419）

按照国家规定章程肯定要审核备案，这个程序肯定是要走的。高校肯定要到教育厅来备案或审核章程，教育厅批示同意后章程才生效。章程是在国家法律框架范围内约束学校的。（JS，0420）

我（举办者）也知道章程的重要性，虽然章程没人看，但是如果要改，主管部门也不允许。我如果加一些内容进去，保证我的一些权力，你觉得主管部门会允许吗？审批不通过，改了也没有用。（GZ，1127）

第二节　实现组织与制度建设管理权的基本逻辑

一、优化组织结构，提升权力运行有效性

根据古典管理理论之父法约尔的观点，组织是管理活动的基本要素。姑且抛开二者的类属关系，显然组织与管理是紧密联系在一起的：凡有组织，必需管理，反之亦然，凡是有管理的地方，必有组织，组织是一切管理活动的载体。而权力是组织和管理中最基础的要素和手段，渗透在组织的各个角落，组织是权力上行下达、有效运行的基础。组织中权力的有效运行指“组织权力按照组织设计的要求，在组织目标引导下，沿着组织权力运行的既定规则，运用各种组织资源达到预期结果的过程”①，是权力主体在组织内传递信息、配置资源、实施控制、实现目标的前提。现实中由于组织环境因素的复杂性，存在阻碍组织权力有效行使的各种障碍，导致主体的权力异化、弱化甚至权力越位、缺位等无效情况。从组织层面看，这些障碍包括以下几个方面：一是组织结构设计不合理，如机构不健全、部门权责不明等；二是不同层级和部门资源配置不合理，比如某些个人或部门可以动用的资源偏多导致权力过于集中；三是组织环境不稳定；四是非正式组织的存在。

因此，实现民办高校举办者组织与制度建设管理权，需要把握健全组织和制度的逻辑。结合我国民办高校内部治理结构的实际状况，组织和制度建设与举办者组织与制度建设管理权是权力对象与权力影响、目的与手段的多重关系：组织与制度既是民办高校举办者组织与制度建设管理权的手段，也是其有效运行组织与制度建设管理权的延续和保障。实现民办高校举办者组

① 郑婧，贺建锋．组织中的权力及其运行分析[J]. 学术交流，2008，(5)：22-25.

织与制度建设管理权的有效运行，首要任务是完善学校内部组织设计，构建权责分明、弹性制约的组织结构，健全核心机构及其运行制度等内部治理机制核心要素，一方面为民办高校内部权力配置打造载体，另一方面为举办者长远运行组织与制度建设管理权奠定组织基础。

二、明晰职责范围，突出职位权力

权力的存在和被服从需要合法性依据。根据权力来源理论，组织权力包括职位权力和角色权力，其中，职位权力与组织结构、制度等非人格因素相关，其合法性取决于组织的制度安排；角色权力与主体的个性、知识、品质等人格因素相关，其合法性取决于权力主体与职位相关的素质和能力。韦伯将权力分为理性的法定权力、传统权力和超凡魅力权力三种，通过分析每一种权力的合法性依据，认为只有明确职责领域、执行等级系列的理性，法定权力才能作为行政组织的基础。其列举了确保法定权力有效性的决定因素：一是通过协议或强制建立法人群体成员必须服从的法律规范；二是每个法人团体本质上存在于一个有意建立起来的、抽象规则连续一致的系统中；三是权力运用者占据一定的职位；四是权力对象是法人群体中的成员。[①] 韦伯主张以法定权力为基础，采用专门化、等级化、规则化、非人格化、技术化的“理想组织模型”构建管理体制，代表了一种职位权力取向并强调规则、能力和知识的逻辑取向，一方面有助于防止组织权力滥用，尽可能剔除人格化的角色权力而最大程度上实现职位权力，另一方面可以通过职位权力法定化保障权力的效率、理性。但是在很多情况下，组织权力的有效运行需要角色权力与职位权力互为补充，通过角色权力和职位权力相互作用，权力主体的组织权力持续转化为权威，不断推动实现权力目标。

实现举办者组织与制度建设管理权，需遵循职责匹配、职权相符的基本

---

① 朱国云．组织理论：历史与流派（第二版）[M]．南京：南京大学出版社，2014：39.

逻辑。即在完善民办高校内部规章制度、组织运行制度以及各部门、职位权责的基础上，明确举办者的职责范围以及用权方式和程序，将举办者组织与制度建设管理权上升为一种职位权力而非个人权力。同时，要深化举办者对所履行角色的认知，以职能匹配辅助推动职权匹配。举办者在创办学校之初就有既定的办学理念，这也决定了其必定是学校发展规划和定位的掌舵者、学校发展的驾驭者、学校管理体制制定的主导者。举办者在长期参与市场竞争中积累的经验以及练就的市场与社会需求预测、捕捉能力，对其面向市场和社会需求办学、结合市场和社会需求变化制定发展规划，具有重要的指导作用。因此，推动举办者充分认识自身角色并发挥上述优势，突出规划管理权，也是保障举办者组织与制度建设管理权的基本思路之一。

三、重构主体间关系，形成制约合力

大学是一个多主体参与的社会组织，其内部结构在某种程度上可以说是“操纵者之间权力关系的状态”，不同主体之间的矛盾和冲突推动大学、大学权力以及权力主体之间不断进行调整。各主体如果按照各自的权力路径在既定的权力范围内行使既定的权力，可以稳定学校内部权力秩序、保持各种权力的制衡状态，大学则得以在稳定的环境中运行[①]。随着高等教育从经济社会的边缘移至中心位置，大学权力主体日益多元化，大学权力主体之间的结构也从传统的“垂直结构”向“扁平化结构”演变。[②]权力主体多元化以及“扁平化”权力结构，不仅是高校内部民主治理、各利益相关者权益的一种保障，也是应对权力高度集中所致权力失衡的一种有效方式。民办高校内部多元权力主体交错重叠，不同权力力量因主体目的差异而有着不同的施力方向。在组织和制度建设中重构权力主体之间的关系、推动权力主体多元化，是实现权力分立与重新配置的前提，也是打破民办高校内部主要权力过于集

① 比尔·雷丁斯．废墟中的大学[M]．郭军，等译．北京：北京大学出版社，2008：102.

② 胡先锋．多元权力主体与大学组织均衡发展[J]．黑龙江高教研究,2005,（5）：16-18.

中局面的关键。

组织和制度是民办高校内部决策权、监督权、执行权的配置所在。在一定程度上推动三种权力机构中权力主体的多元化、降低权力主体的重合度，是有效实现三权分立的必然选择，也是制约和规范民办高校举办者组织与制度建设管理权的基本路向。

第三节　保障与规范组织与制度建设管理权的基本路径

一、依法健全组织与制度，逐步实现运行常态化

法人治理结构是回应学校内部“冲突和多元利益”要求权力结构安排，处理民办高校举办权与办学权关系、均衡民办高校内部利益相关群体利益诉求的组织架构。民办高校举办者更好地行使组织与制度建设管理权，需按照相关法律法规的要求，并结合学校实际状况进一步完善学校内部治理结构，确保学校组织和制度发挥实际效力。一是依据《民办教育促进法》《国务院关于鼓励社会力量兴办教育　促进民办教育健康发展的若干意见》等文件在现代大学制度、内部治理结构建设方面的要求，设置内部决策机构、监督机构，建立校长选聘制度。二是结合学校规模、发展历史等实际情况，采取符合学校特点的机构形式，比如决策机构是理事会还是董事会、设立监事会还是其他替代性监督机构，避免因追求形式导致学校内部机构臃肿、效率低下。三是从内部治理和学校实际出发，按照整体性、科学性、系统性的原则，完善核心机构运行制度，明晰各机构职责以及民办高校举办者通过内部治理结构参与学校管理的权限和程序。

此外，确保民办高校举办者健全学校组织和制度，教育主管部门的监督制约必不可少。教育主管部门应在督促民办高校举办者健全学校内部治理结构的基础上，重点审核民办高校举办者行使机构建设管理权的实效。首先，

要审核机构建设的完备性。督促民办高校举办者健全学校内部治理结构，尤其是建立董（理）事会等决策机构和监事会等监督机构。其次，审核民办高校内部核心机构成员组成的合理性。引导民办高校逐步消除举办者身兼数职的现象，优化决策机构人员构成比例，推动监督机构人员构成合理化，为提高机构功能有效性奠定人员基础，避免学校决策举办者“一言堂”、监督机构职能片面化等现象。再次，引导民办高校治理机制运行常态化、规范化。通过入校调研、举报披露平台等渠道对民办高校决策机构例会的频次、议事程序、会议记录等情况进行审查和信息收集，了解监事会等机构的运行情况，推动民办高校决策机制发挥实效。

二、发挥比较优势，强化发展规划权

作为民办高校举办者组织与制度建设管理权的重要内容之一，制定学校发展规划是民办高校举办者实现“办什么学校”“如何办学校”一系列目标和理念的基本途径。尤其是对于那些未在学校担任校长或其他执行层面职务的民办高校举办者，学校发展规划权是其掌舵学校发展走向的关键。因此，要尊重民办高校举办者参与制定学校发展规划的实际诉求，确保举办者以合理的方式全程参与学校定位、发展方向和改革调整等规划的制定和审议工作，监督学校发展规划的进展和完成情况。

民办高校举办者则应充分发挥比较优势，在全程参与学校发展规划的同时，强化对学校发展规划执行的监督。一是充分利用个人优势，提升在制定学校发展规划方面的影响力。民办高校举办者多具有跨教育、市场的双重背景，具备贴近社会和市场办学的知识条件和优势。民办高校举办者群体中不乏具有公办学校工作经验者，且因捕捉到公办学校与社会需求脱节之处而创办学校的也非少数。民办高校举办者充分利用既有的教育经验、敏锐的社会需求洞察力，站在市场和教育两个领域的制高点，为学校发展定位、规划和改革提供信息和智力支持，既可以激发民办高校体制机制的灵活性，也能提高个人学校发展规划权的影响力。二是监督学校发展规划的落实与实施，强化个人权威。民办高校举办者可以通过定期召开董事会、校长年度述职大会、学校发展年度总结、多形式调研等方式，了解学校发展规划的进展情况，确保学校发展规划如期推进或及时调整，保证学校发展规划不因人事变动、理念变革而任意变动，从而维护民办高校举办者在学校发展规划方面的权威。

三、尊重多元权利主体，统筹举办者主导与民主决策

一般情况下，非营利性组织的机构设置既不围绕资金提供和使用的代理关系，也不赖于强制性的行政权力，而是依赖于组织内部的价值观。但是，依赖于共同价值观形成的非营利性组织具有一定的松散性，容易受组织成员个人信念的影响。[①] 民办高校举办者、其他管理层以及师生等群体价值观念塑造了民办高校内部的组织价值观，对学校治理结构等组织设置具有决定性作用。长期以来，民办高校内部举办者“一权独大”、其他人员围观等现象较重。“大学治理结构必须体现以社会为本的现代精神，为社会价值诉求在大学决策权结构中得到有效表达提供制度性、程序性的框架，通过多元权利主体参与以及各主体之间的协商合作机制，以抑制由于管理取向过强和科层制作用过度而造成的‘内部人控制’现象，消除代理风险。一个有效的大学治理结构，应该根据利益相关者组织属性并区分战略利益相关者和一般利益相关者，将决策控制权按照实际需要，合理地分布于不同的治理主体手里，并使不同主体之间产生权力依赖和制约关系。”[②] 因此，优化民办高校举办者组织与制度建设管理权，还需尊重我国民办高校实际，统筹融合举办者主导与民办决策制度。

首先，尊重并保障民办高校举办者在学校组织机构决策中的主导性地位。综合我国民办高校内外部环境来看，在当前和未来一段时期内，举办者仍将

① 车峰．非营利性组织管理[M]．北京：中央民族大学出版社，2015：160.

② 龚怡祖．大学治理结构：现代大学制度的基石[J]．教育研究，2009，(6)：24

且有必要继续担任学校发展的主导者和掌舵者。在学校章程中明确举办者的权限以及参与学校管理的方式和途径，划定举办者代表在学校董（理）事会中的席位比例，为举办者发挥主导性作用提供保障。其次，逐步建立并完善民主决策机制。将真正关心并有助于学校发展的校内外专家、学者以及社会人士纳入决策机构，推动决策机构运行正常化。最后，统筹融合举办者主导与民主决策制度，关键在于民办高校举办者遵循个人主导与民主决策相结合的原则和理念，在充分听取专家、社会人士等群体意见的基础上，健全学校机构设置，推动组织和制度发挥应有的价值和功能。

第四章

财务管理权及其实现

前述调查结果显示，民办高校举办者财务管理权的水平较高（均值=4.04），仅次于组织与制度建设管理权，其中又以预决算管理权的水平最高（均值=4.12）、项目和资产管理权的水平最低（均值=3.95）。除不同师生规模民办高校举办者之外，其他不同背景特征的民办高校举办者财务管理权均值并无显著差异。这说明紧握财务管理权是民办高校举办者的普遍做法。本章将基于问卷调查和访谈并结合相关理论，深入剖析民办高校举办者行使财务管理权的基本遵循，探讨存在的主要问题及其成因，并提出优化的基本路径。

第一节 主要问题

一、过度控制财权

（一）民办高校财务举办者“一支笔”、财务总监轮流制等管理方式，降低学校财务工作效率

问卷调查发现，基本上所有民办高校的举办者会严格监管学校预决算以及收支等情况。调查发现，97.8% 民办高校举办者审批学校年度预决算，96% 民办高校举办者监督预决算的执行情况，88.6% 民办高校举办者会监管教育教学经费使用情况，85.4% 民办高校举办者监管学校日常运行开支。进一步访谈证实，大部分民办高校举办者完全掌握学校财务管理权。充足的财务管理权可以调动民办高校举办者的办学积极性、提高资金使用效率，但尺度把握不当容易导致举办者过度控制。根据相关研究的调查，我国民办高校财务审批权实施举办者“一支笔”的学校比例高达 63.7%。[①] 一些民办高校举办者

① 刘莉，林长兴．民办高校党组织功能定位与作用发挥研究 [J]. 理论导刊，2013，(10)：64-66.

将学校财务管理权高度集中在个人手中，甚至剥夺外聘校长最基本的日常财务管理权力。民办高校举办者对财务管理权过度控制直接导致学校财务决策和日常运转迟缓、学校内部工作效率低等问题，进一步强化举办者对外聘校长以及相关财务管理人员缺乏信任的印象。

民办高校的财务是举办者的“一言堂”。举办者同意你用这个钱就可以，认为不该用就不能用，你就用不了。这个情况在各个学校里面是非常突出的。我了解的一个学校，几百块钱出租车票报销必须董事长本人签字，院长没有这个权力。这反映出民办高校财权高度集中的问题。某种程度可以理解，毕竟学校是举办者个人的投入，但这种情况长期下去是严重影响学校发展的。（SHX，0419）

有的学校，董事长每个月来学校的时候，办公室门外都是排队等着董事长签字的人。买一个灯泡都得董事长签字，因为董事长是举办者代表。（SHX，0419）

此外，在一些集团化公司投资创办的民办高校，举办者对学校财务实行公司化管理模式，即同集团公司其他子公司一样，从母公司向民办高校派出一位财务总监负责学校日常财务管理工作。一般情况下，财务总监会进入学校董（理）事会，其薪酬等人事管理工作由总公司负责，并定期轮换。这种模式既实现了举办者对学校财务的直接监管，也可以将财务管理权下放到学校内部。但是，高校财务管理与公司管理的方式、理念是有区别的。如果集团下派的财务总监坚持采用企业化财务管理模式或者不能快速适应学校财务管理模式，则会导致其管理理念和方式与学校财务运行不契合，影响学校工作效率。

一般三年换一个财务主任，举办者担心时间长了，财务主任的监督出现一些人为问题，所以财务都是在全国各地轮换轮流，我们这边也是派了好几个财务总监，几年一轮。高校的经费使用跟企业不一样，所以有些时候财务总监需要从企业角度转换到高校角度。高校用的这种财务报表，跟企业不一样的，每一个新来的财务总监都要适应学校里面的这种制度、管理模式。也有点问题，如果财务总监适应得快一点更好，如果财务总监适应得慢就会有一些不理解，学校要跟他解释、沟通。（YX，1013）

（二）保障投入资产的安全和效益、以财权巩固事权是举办者把控财务管理权的最主要动机

首先，作为学校创办人、学校运行经费的主要来源之一，民办高校举办者间接是学校经济风险的主要承担者。在本研究问卷调查的 150 所民办高校中，22 所民办高校（14.7%）的办学经费主要来源为举办者。作为一种市场导向、自负盈亏的办学模式，民办高校在日常运营和发展中面临各种风险，既包括政府法规政策变革、市场波动、文化环境不稳等外部因素造成的政策风险、市场风险、公众认知等，也包括内部决策不科学、决策执行偏移、日常管理不善等内部因素造成的决策风险、管理风险、人员风险、财务风险、质量风险等。这些风险最终会转化为经济风险，造成学校经济损失甚至导致学校破产。同时，由于办学经费来源的特殊性，投资者和办学者更注重节约办学，更注重投入产出效益。[①] 为了在经费紧缺条件下统筹配置办学资源、使其在学校创建和发展过程中投入的大量真金白银产生最大效益，举办者尤为关注财务管理。

办学的经济风险谁来承担？外聘校长是肯定不会承担的，他不是学校法人代表，法律最后不会给他处罚，最多是按照学校内部规定扣工资或者解聘。比如，校长没有按照董事会决策的规定禁止学生随便外出，最后学生外出发生事故，溺水了，家长来闹事索赔，要 100 万，这个钱谁出？谁跟家长去

① 潘懋元，别敦荣，石猛．论民办高校的公益性与营利性［J］．教育研究，2013，（3）：32.

谈？校长肯定不管，只能是举办者。再比如，学校运营筹资，肯定是举办者去。有些校长觉得学校的钱只要够教职工发工资就可以了，不会想着筹钱投入到学校的美化等其他方面，学校办不下去他最多走人。但是举办者不一样，学校各种事故，甚至破产，都是要负法律责任的。（GCH，1127）

其次，民办高校举办者将财务管理权作为学校管理权的保障。一般而言，财权是实现事权的一种手段。根据权力来源理论，资源或者财富抑或物质资本，是主体权力的重要基础。掌握财产所有权或者财产控制权意味着可以通过奖惩等方式控制组织内部的基本关系并对组织施加影响。民办高校是高投入组织，其发展长期受经费困扰，尤其是在当前民办高校财务管理体制尚未健全的状况下，财产所有权或对财产的控制权对内部治理权配置的影响尤为突出。在民办高校举办者看来，掌握了财产管理权基本上就保证了对学校内部事务的主导权：

以前是谁投资谁管理，校长会认为钱是举办者的，举办者可以说了算。现在这个钱已经不属于你了，就像家长给我买了房子，房子是我的了，与家长已经无关了。财权跟事权连在一起的，我们说有多大的财权就可能会有多大的事权，现在把财权分离以后，那个事权就变成很微弱了。如果这个事权也没有的话，到底是董事长对财产负责任呢，还是校长？（1128，HY）

虽然举办者没有财产权，但是这个学校所有的财产都是在我的治理和控制下的……只是我在通过资金的使用、薪资的分配，包括基建投入来管理，硬件上肯定是以我为主，管理机制也是以我为主。（SHH，0419）

实际上管理权是与举办者对资源和人的把控力度高度相关的。比如说财产，如果这个财产为他所控制，那么他的话事权就非常高。（GD，0420）

人、财、物是关键，只要把这几项抓住，基本可以把握学校工作。没有了财产管理权，哪里还有管理权。（HB，1121）

二、以权谋利

（一）以权谋利成为获取经济回报的常见方式

民办高校举办者能否享有经济收益一直是贯穿我国民办教育管理的核心问题，并最终成为我国民办学校分类管理的切入点。本研究中，32.7% 民办高校的举办者选择登记为营利性民办高校，另有 18.7% 民办高校尚在营利与非营利性之间举棋不定。虽然我国民办高校举办者办学动机复杂，追求经济回报、为本企业发展培养人才、实现个人教育理想、为社会做贡献等并存，但投资办学仍是我国民办高校的基本特征，举办者在不同程度上存在经济回报诉求。

自民办教育工作恢复以来，国家法律一直倡导社会力量坚持公益办学，并且在试点分类管理改革之前未明确回应举办者办学能否取得经济收益问题，面对举办者群体的强烈诉求，法律规定采用“合理回报”作为折中处理办法。在个人强烈诉求与法律禁止之间，部分民办高校举办者利用财务管理权采取各种关联交易手段从学校盈余之中变相获取经济回报，甚至转移资产、挪用学校经费。虽然分类管理以举办者是否从学校收益中获取经济收益为标准对民办高校进行区分，但是“以非营利之名行营利之实”的问题在世界范围私立高校中普遍存在，尤其是在我国民办高校举办者“觉得被迫选，感觉办下去非得选非营利”这种理念普遍存在以及已有民办高校举办者补偿与奖励问题尚未解决的背景下，非营利性民办高校举办者利用财务管理权进行关联交易以获取个人私利的问题，将依然存在。一些主管部门代表分享了其看法：

我们省绝大部分民办高校举办者是追逐利益的，有几所是真正非营利性。一般来说，要想逐利的话，肯定要控制。就是人事和财务，肯定要控制，财务方面更是要控制的，不控制就没办法把账做平。（HB，0419）

他们（举办者）前期确实投入了资金、时间、情感、各种资源，他们的利益我觉得应该得到充分保障。登记为非营利性、放弃一些权益之后，肯定会损失一部分支配权。选择非营利性，监管肯定趋严，举办者的利益肯定受到损害。登记非营利性的学校，这个收益可能不是通过直接的分红形式拿到的，可能是通过基础设施建设、隐性采购的方式方法获得了收益。在缺乏有效的监督和制约的情况下，收益一定会通过不同形式落到举办者个人手里。例如，利用举办者任命副校长，指定投标建筑公司这些方法获取一些经济利益。（SHX，0419）

举办者不可能因为我们制定一个规则降低他的生活水准，这是毫无疑问的。他会通过各种各样的办法转移，比如设定学校的一些项目，通过财务造假，通过监管漏洞和短板，维持原来取得的利益。（GS，0418）

现实中存在的非营利性学校与他的公司、个人之间的关联交易以及变相地以费用转移利润等问题，是很难制约的。比如，这边成立一个相应的教育机构、咨询公司，让他设计教学方案，学校就买他的教学方案，你说这个到底行不行，不行你给他一个出路。学校就从成本、费用里面把利润转移了，这是很难避免的一个事情。学校变成非营利性学校之后，会不会产生一些变相的营利方式，变相地把学校办学经费、办学剩余转移。这个问题可能一个学校一个情况，根据举办者具体情况来权衡。（SCH，0419）

（二）合法经济权益缺乏保障等是举办者采取不合理方式获取经济收益的主要原因

举办者补偿与奖励是民办教育的发展遗留问题，也是分类管理工作的难点之一。在分类管理之前是民办教育管理欠规范、民办学校“容易赚钱”的年代，不少民办学校举办者“举家办校、以校为家”，把学校财产视为个人私产，甚至将个人财产与学校财产混在一起。虽然2003年出台的《民办教育促进法》允许民办学校举办者在办学结余中收取一定“合理回报”作为协调举办者投资回报与教育公益性取向的折中办法。这又引发了新的治理问题：很多民办高校处于负债运营的境遇，举办者无法从办学结余中提取“合理回报”；即使部分民办高校有结余，但举办者为了学校发展，并未提取合理回报或者将合理回报作为继续投入的一部分。分类管理之后，政府取消“合理回报”，采用“奖励与补偿”来保障民办高校举办者的合法经济权益。非营利性民办高校举办者等同于捐资办学，如果没有合理的补偿和奖励，一些“举家”办学的举办者可能会变为“无产者”。

迄今为止，政策法规尚未明确解决举办者补偿与奖励问题的有效办法。一是补偿和奖励的计算方式不明确。根据新修订的《民办教育促进法》，现有民办学校终止办学时可以在学校剩余财产中给予出资者相应的补偿或者奖励，但是以什么为基数计算补偿或奖励数额不明确。目前有依据办学结余、学校总资产、原始投入的银行利息上浮额等多种提法。二是补偿与奖励的时间与经费来源不明确。补偿与奖励的时间关系到举办者的经济权益能否在可预见的时期内得到有效保障，补偿与奖励的经费来源则关系到法规承诺的经济权益最终能否兑现。比如，如果严格按照“学校终止”的时间点，举办者要在可预见的时间内获得补偿和收益，是不是只能选择终止办学？再比如，若补偿和奖励必须从办学结余中提取，对于资产清算后处于亏损状态的学校，举办者还能否获得补偿和奖励？这些不确定性是导致部分举办者利用财务管理权从学校谋取个人经济利益的重要原因。

举办者关心的是原始投入能够补偿多少。现在投一个亿，十年后如果不办了，政府是补一千万，还是两千万、三千万、四千万，还是一个亿？是贬值了，增值了，还是不变？原先买的土地，现在登记为非营利性学校了，那么买地的钱是不是该补给举办者？举办者买地办学，花了五千万，现在登记为非营利性学校了，就变成社会资产了，在登记为非营利性之前是不是该先把五千万补偿给他？因为登记为非营利性学校就该跟公办学校一样享受划拨土地。这个钱是不是该补偿给他？这是我们调研后发现的新问题。（HN，0418）

补偿和奖励是否一定要学校终止时补偿，还是可以在重新登记时进行补偿？补偿和奖励是否可同时给予？如果我不终止办学，这个奖励和补偿是不是永远都拿不到了？如果我投入了一个亿，要把这些原原本本还给我，前提是学校还有这么多资产。如果没有了，怎么办？补偿和奖励的经费来源是学校教育事业收入，还是政府民办教育专项资金，还是学校办学固定资产，或者民办教育发展基金会资金？（GZ，1127）

第二节　规范财务管理权的基本遵循

一、尊重应有权力，保障学校利益

根据权力来源理论，权力通常源于个体所拥有的资源、知识或者基于资源、知识依赖所产生的交换关系。罗宾斯等提出："如果你掌握的资源是重要、稀缺且不可替代的，那么人们对你的依赖程度将会增加。"[①]权力关系中，双方虽然可以相互依赖，但是从总体上掌握的资源的重要性不同，双方关系不会实现真正的对称，因此，拥有对他人非常重要的资源，可以扩大和强化自己的权力，也就是说拥有具有稀缺性的资源可以增加权力；所控制的资源越不可替代，所获得的权力就越大。民办高校举办者尤其是投资办学的举办者，在投入资金等资源的过程中理应获得了对学校财务的一定控制权，可以依据法规制度对学校资产进行调配或监督，并且营利性民办高校举办者可以在办学结余中获取一定的收益，分类改革前成立的非营利性民办高校举办者则可以获得一定的补偿和奖励。因此，一些民办高校财务管理权完全由举办者控制，既与学校经费来源主要赖于举办者投入有关，也与举办者获取收益或者补偿、奖励有关。在应有经济权益得不到保障并且学校依然对举办者存在过度经济依赖的背景下，举办者财务管理权过大甚至以权谋利等问题，是必然存在的。

实现民办高校举办者财务管理权，在尊重并保障举办者合法经济权益的

① 斯蒂芬·P. 罗宾斯，蒂莫西·A. 贾奇．组织行为学[M]. 孙健敏，等译．北京：中国人民大学出版社，2012.

同时，还应规范举办者财务管理权，保障学校的财务资产安全。无论是举办者主导型的财务管理权配置模式，还是建立完善的财务管理机制，均应以保障学校、师生的合法权益为前提，通过优化权力配置、推进财务管理制度化建设，防范侵害学校经济资产的不当用权行为。

二、引导分权、以监代管，实现制度化管理

财务管理是组织管理的中心环节，财务管理权是民办高校内部管理权的核心权力。为防止权力过度集中导致腐败等问题，优化民办高校举办者财务管理权，应引导民办高校举办者分权，将财务管理权逐层下放至各部门、单位，并通过完善财务治理机制，强化对学校资产运行情况的监督管理。高效的财务治理，可以基于举办者（投资者）、管理者（校方）、校友、政府、社会、教职工等利益相关者的内在关系，构建多元、多向和共同的财务治理结构、治理机制以及相应的制度设计和安排，通过协调、平衡民办高校发展过程中利益相关者的财务关系和财权，规范举办者财务管理权行为，防范财务风险。因此，推动实现民办高校举办者财务管理权，必须在分权的基础上，建立一个高效、透明、规范并保障学校可持续发展的财务运行与管理系统。民办高校财务管理机制以学校的稳定和长期发展为首要目标，以财务管理权限的配置为核心，对组织财务管理中的权责利关系进行划分。从学校层面来讲，完善的财务管理体制有助于体现民办高校的办学宗旨，防止内部腐败，提高运行效率，提升学校的公信力和社会声誉，监督组织运作，预测财务危机；从举办者办学角度来讲，财务管理体制是举办者财务管理权的载体，其完善与否直接决定举办者对学校资产进行配置和监管的效率。

在财务管理体制中，需要特别指出的是财务审计制度建设。在民办高校，包括举办者在内的决策层普遍认为，学校财务、人事等关键部门多由举办者家族成员或亲信负责，部门事务在其可控制范围之内，无需建立财务审计制度。此外，财务审计制度需要配备专门的机构、审计人员，耗费财力、人力，

增加了学校的负担。但是这种“人治”代替“制度”的模式并不利于举办者对学校财务情况进行监管。还有些民办高校举办者将审计事务直接归到学校财务处，或者实行“片段化”“问题触发”式审计，难以发挥审计制度原有的预防功能和全程化监督功能。因此，完善的内部审计制度，增强民办高校举办者财务管理权的便捷性、全面性、高效性，首先要从思想上摒弃传统的管理思维，从依靠“人治”向依靠“法治”转变；其次，要明确内部审计机构，根据学校条件，设置独立的审计部门、配备专业审计人员，或者将审计事务委托给信用度较高的第三方审计部门；再者，将审计提升到学校治理的高度，充分发挥审计制度对举办者行使财务管理权的指导作用，使得举办者不仅做学校财务资产的守护者、决策者，更要成为学校财务风险防范的瞭望者。

第三节　保障与规范财务管理权的基本路径

一、优化财务控制权配置，降低代理成本

我国民办高校举办类型有差异，学校内部财务控制权的配置也不同，但一个共同点是举办者在配置主体中占据主导位置。民办高校举办者要更有效地进行学校财务治理，必须优化民办高校财务控制权配置，基本实现路径是通过组织机构及其配置措施建设，推动财务控制权在董（理）事会、监事会、校长之间有效配置，实现决策成本、知识成本和代理成本权衡。

一是重塑董（理）事会。优化内部人员结构，吸纳具有专业财务知识和了解学校内部财务状况的人员进入董（理）事会，调动董（理）事会成员参与决策的主动性和积极性；完善决策机制，保证决策机构中权力制衡，确保控制权配置与知识信息、主观动机相匹配，提高决策效率。二是完善职业校长制度。一方面充分授权，尊重校长在财务决策中的发言权，保障校长在学校日常管理工作中享有充分财务审批权；另一方面强化约束激励，完善职业

校长筛选、考核评价机制，选择性利用资本激励、声誉效应等市场化激励，减少财务管理中校长代理人问题。三是发挥监事会制度在财务控制权制衡中的作用。强化监事会成员的主体性、独立性，保障监事会在财务决策中的参与权和知情权，发挥监事会在财务控制权中的制衡作用，强化对财务决策、财务管理权行为的监督作用。

二、完善财务体制，推动管理制度化

财务管理体制是学校内部财务关系的表现形式，主要包括财务管理机构设置和财务管理权限划分。基于此，笔者从健全财务管理机构和明晰财务管理权限两个方面，提出提高举办者财务管理权效力的措施。

首先，健全民办高校财务职能部门，完善财务人事制度。机构设置和人员配置是民办高校举办者财务管理权的基础。民办高校应设置独立的财务处（室），在校长管理层的领导下，执行董事会重大财务决策并统管学校财务工作。民办高校财务人事制度既包括负责重大财务决策的董事会成员，也包括校长、分管财务的副校长、财务处处长、会计核算人员等财务管理部门的职能人员等。因此，以专业、高效的财务人事制度为指导，建立一支高素质的财务管理人员队伍，可以为举办者划分财务管理权、提高财务管理效率提供先决条件。

其次，以制度为载体，合理划分财务管理权限。包括以下几个方面。一是确定集中型和分散型并存的财务管理模式，尊重民办高校举办者在学校预算管理、经费来源和收支管理权方面的话语权，同时分离预算内日常支出举办者“签字权”，强化举办者日常化监督权。二是完善预算管理制度。作为学校经济工作的指挥棒，预算是高校财权配置的载体，在学校财权配置中起主导作用。因此，优化民办高校举办者财务管理权，应构建完善的预算管理体制，明确举办者在学校预算编制、审批、执行监管过程中的地位、参与方式和权限范围。三是建立科学的民办高校财务决策机制，遵循事权与财权相匹配的原则，优化财务决策权在各财务管理主体之间的配置。明晰学校董事会层次所进行的财务决策范围和以具有自主办学权力以及直接对高校教学、科研和建设等工作实施管理的高层管理者为主体的校级财务管理者的决策范围。在此基础上，民办高校举办者依据其职位参与财务管理。四是建立财务管理监督制度。作为学校的创办人、初始资金提供者、办学经费的筹募人，举办者需要从整个机构的财务状况、财务支出结构与机构战略方向的匹配性、财务预算和支出进展的契合性等方面对学校财务状况进行监督。①

三、保障合法经济权益，建立权力制约立体网

实现民办高校举办者财务管理权，还需从保障激励与制约两个方向着力。首先，从法律以及学校规章制度层面明确营利性和非营利性民办高校举办者在财务管理方面的权限范围。根据《中华人民共和国公司法》，营利性民办高校举办者作为学校股东，依法享有股东收益权，相关法律应予以保障。根据《中华人民共和国民法总则》，非营利性民办高校属于捐赠法人，举办者作为捐赠人"有权向捐助法人查询捐助财产的使用、管理情况，并提出意见和建议，捐助法人应当及时、如实答复"。因此，相关法律以及学校章程要认可并保障民办高校举办者对其投入资产的知情权和监督权；学校章程应明确举办者知晓并监督其投入资产的增值保值、使用等情况的方式和途径。创新完善民办高校举办者补偿和奖励政策。地方政府应结合本地民办教育相关政策，创新民办学校举办者奖励与补偿政策，通过保障举办者合法经济利益逐步消除民办高校举办者以非法渠道获取个人收益的行为。

其次，优化民办高校举办者财务管理权，还需依据多方力量制约举办者的不当用权行为。一是健全内部监督制约机制，通过保障师生和学校合法权利制约举办者权力。教育主管部门应完善相关法律制度，构建民办高校财务

① 王名．非营利组织管理概论[M]．北京：中国人民大学出版社，2016：124.

监管法规体系，将不损害学校利益作为民办高校举办者财务管理权的底线，严格查处举办者利用权力抽逃、挪用、侵占学校资产等各种危害学校财务安全的行为；充分发挥师生等内部群体的监督作用，畅通师生举报、维权渠道，鼓励师生举报举办者利用财务管理权侵害学校和师生利益的违法行为。二是充分发挥社会力量对民办高校举办者权力的制约作用。按照强制性治理和自主性治理相结合的原则，完善民办高校审计制度，利用审计报告、年度报告制度提高民办高校的信息披露水平，鼓励民办高校自愿披露财务事项，提高对外透明度；正确引导舆论媒体的监督功能，充分发挥大众媒体对举办者不良办学行为的监督作用。

第五章

人事管理权及其实现

前述调查结果显示，在举办者管理权中，人事管理权属于中等偏上水平（均值 =3.79），并且不同类型、职务举办者以及不同办学层次、不同分类取向民办高校举办者之间总体人事管理权均值存在显著差异。在高层管理者任免、人事规划、人事政策制定以及中层以下人员管理四个方面，民办高校举办者高层管理者任免权的水平最高（均值 =4.25）、中层以下人事管理权的水平最低（均值 =3.51）。本章将分析实现民办高校举办者人事管理权的理性选择，通过深入挖掘数据背后隐藏的问题、辅以访谈资料，剖析问题表现及成因，并提出优化的基本思路。

第一节　主要问题

一、决策机构人员推选程序、结构欠合理

问卷调查发现，在总样本中，97.3% 民办高校的决策机构负责人、96.7% 民办高校的决策机构其他成员由举办者推荐产生，在举办者担任董事长的民办高校中该比例达 97.8%。当前相关法律法规对决策层面党组织负责人、校长之外其他人选的数量、产生方式并没有明确的要求，民办高校举办者多根据自身和学校实际情况确定，致使学校决策机构人员结构、产生方式合理性不足。

首先，民办高校举办者及其代表在决策机构中的席位数量对成员结构多元化和决策的民主性有潜在威胁。通过参与董（理）会决策对学校进行治理，是民办高校举办者行使管理权的主要方式。民办高校举办者话语权在董（理）会决策中的分量直接影响举办者参与学校治理的程度和权限范围。而这种话语权的大小直接取决于民办高校举办者及其代表在决策机构中的席位数量。为确保对学校的控制，民办高校举办者会尽可能将其代表或者可以代表其意志的成员席位数量最大化。比如，在国有民办型 SR 大学，学校实行董事会领

导下的校长负责制，学校董事长是举办单位在职领导，董事会22名成员中有13人是政府相关部门领导或负责人，举办者及其代表在董事会中的席位超过1/2。在企业办学的NY学院，学校董事会共有7个席位，举办者代表占3个，包括集团董事长、集团教育模块董事长和另外一位集团负责人。同样，在多主体联合举办的YX学院，理事会11个席位中举办者代表占5个。目前为止，我国大部分民办高校举办者将其与其代表在董（理）事会中的席位数量上限设置在2/3。这种结构直接影响董（理）事会成员多元化以及决策的民主性。从以下陈述中，对民办高校决策机构的结构可见一斑：

> 我们学校理事会是举办者组建的，主要举办者代表有3人，其他两家举办者各1人。（YX，1013）
>
> 碰到极端的情况，控制比较强一点的，举办者派出的代表在董事会里本身占大部分的，另外校长很有可能，说是校长，以校长身份进入董事会，但实际上也是他的代表。（SHH，0420）

其次，决策机构中教职工代表的产生方式欠合理性。有学者建议民办高校参照公办高校教职工代表大会中教职工代表的产生方式选举进入董（理）事会的成员，但实际上公办高校传统的教职工代表大会选举方式不具有直接借鉴意义。这两类教职工代表进入的机构不同。公办高校教职工代表大会是选举代表进入学校教职工代表大会这一民主管理机构，教职工代表以教职工代表大会为平台参与学校民主管理和监督；民办高校则是选举教职工代表进入学校最高决策机构，代表教职工参与学校重大决策。这也就决定了两类学校教职工代表的区别，即享有的权利和行使的权力不同以及博弈的对象、出发点有所差异。目前民办高校的通行做法是由民办高校举办者依据教职工在学校的工作年限等背景审定或提名进入董（理）事会的教职工代表，其中最重要的依据是教职工代表对学校的忠诚度。

我们学校7位董事会成员中有2位是教师代表，这两位教师代表是由校长根据教师档案进行筛选，推荐给举办者，最后由举办者决定的。主要是看教师的资历、在学校工作时间的长短，肯定是选择对学校忠诚度较高的。（NY,1009）

我们现在提到的教职工代表，稍微有一个缺陷，就是我们民办教育领域对进入董事会的教职工代表的推选方式没有规定。只是提了一句，说教职工代表要推选，但是怎么个选法？另外，高等学校的教职工代表大会制度适用于公办学校，而且很明确是一个高校里面要推选出一个教职工代表大会的代表。（SSH，0420）

此外，民办高校举办者对邀请外部专家加入决策机构有所顾虑。鉴于民办高校涉及教育教学、市场化运作等多层面知识，诸多学者建议民办高校举办者吸纳外部专家进入决策机构或者建立独立董（理）事会制度。在一些决策机构成员相对多元化的民办高校，举办者会邀请一些外部专家加入，一般出于四个目的且以前两个目的为主：一是为了在形式上满足法规要求，二是为了提高学校的知名度，三是借助外部专家学者的影响力为学校发展筹集各类资源，四是推动学校决策更加民主科学。由于担心外部专家影响其在决策机构中的主导性作用、决策效率或学校内部信息的保密性，在邀请外部专家参与决策机构决策方面，很多民办高校举办者持怀疑或排斥态度。

外部专家是我邀请来的，因此对我肯定没意见。这样我可以全盘决策，学校运行效率很高。（YC，0824）

是不是能够有更多的人来参与，现在这个最主要决定还是在举办者这边。我们运作基本上是三家股东单位代表和学校代表这样一个组成人员决定学校大事，我们只是建议。如果理事会成员增加的话，像财务决算可能就很麻烦。（YX，1015）

二、民办高校举办者视人事权为把握学校管理权的必要手段

人的要素是组织管理的核心之一。组织的最高领导者都倾向于寻找能够代表自己利益的人员作为合作者或下属管理者，并将其作为组织人事管理的头等事项。大部分民办高校举办者牢握人事管理权，尤其是高层管理者的任免权，其重要目的是确保学校决策和发展在其可控制范围之内，保证学校发展实现预期效益。虽然《民办教育促进法》中明确规定了举办者是董（理）事会的当然成员，但是举办者仍希望可以通过人数优势把握主导性，防止学校决策和发展超出个人控制范围。

其实现在我们学校总共有16个亿了，也是学校总资产，那么其中有一部分就是举办者的，是真金白银拿出来的，投入了这么多啊，也希望学校能够办好，这种涉及投入到底最后实现的经济效益、社会效益怎么样，所以从现在这个角度来讲，管理层还是以他自己的内部成员为主。（YX，1013）

人的选聘、人的任命、人的解聘，如果人的这一整套的管理程序在他的控制下，毫无疑问那他在决策中的话语权就非常高。（GZH，0421）

像我们市的民办高校，最晚也是2005年成立的，所以都是比较早期的。当时的制度就是有点模糊。可能举办者自己也没意识到怎么样维护自己的权益，出现个别情况举办者对学校有点失控，在里面变成了一个少数。变成少数的情况，学校不受他控制了，如果其他人，说实话客气一点，还是以学校利益为根本的话，对学校是好事，因为民主制度建立起来了，但最怕出现的是原来的举办者及其代表在董事会中占少数，从外面引进的这些人呢，对学校有其他的一些想法，就出现利益纠葛，就可能会出现内部纠纷了。董事会分派系，甚至有几个举办者，他们的代表在里面出派系。董事会可能就乱掉了。（SHH，0419）

三、人事管理制度不完善

（一）选聘、任免、考核校长程序缺乏制度规范

与公办高校相区别，民办高校实行董（理）事会领导下的校长负责制，即董（理）事会负责选聘、解聘校长。本研究调查发现，96.7%民办高校的校长聘任或解聘由举办者负责，进一步访谈发现，民办高校举办者在选聘、解聘、考核校长的过程中，用权程序缺乏制度规范，主观随意性较大，举办者对校长选聘、任免、考核的影响过大。一些民办高校未建立完善的校长选聘制度，主要由举办者依靠个人影响力寻找校长候选人，选聘流程制度化、公开透明性较低。在校长考核方面，民办高校举办者用权专业性、制度规范性不足，随意解聘、更换校长频发。由于缺乏校长考核标准的专业知识、校长考核机制不完善、举办者权力缺乏制衡，民办高校举办者多采用招生规模、学费收入等短期、浅显指标对校长工作进行考核，处理考核结果的方式专业性和客观性不足，侵害校长合法权利的问题时有发生。

校长基本上是由举办者个人去找，聊一聊怎么样，然后定下来。非客观性因素的影响比较大，董事长与校长之间经常有些矛盾，我们三年内连着换了好几个校长。（YX，1013）

我们现在的校长，是我们省某大学退下来的校长。他退休之后，很多民办高校的董事长都去找他，邀请他去做校长，但是他都拒绝了。我锲而不舍，每天找他聊，谈我的办学理念、学校情况，我的执着深深感染了他，最后他同意来了。（XY，0813）

学校里董事长、出资者想办成怎么样的一个学校，按照战略性目标制定规划。用这个规划对校长进行考核，董事长肯定不知道，其实有两种可能。一种请外部的人或者是请校长制定，大家对这个规划都是比较认同，然后根据这个规划给校长制定聘任协议、考核协议；一种聘任智囊团来评价，这种董事长肯定是不知道的。（HY，1028）

（二）兼任校长的举办者身份角色未分离

民办高校举办者担任校长或兼任多项高级管理职务的现象须要举办者在用权过程中厘清角色身份。有关学者对民办高校校长产生来源的调查显示，在47位民办高校校长中，有12位是举办者，35位是外聘校长。[①]本研究问卷调查中，举办者担任或兼任学校校长的民办高校占样本总量的比例达14.7%。举办者担任学校校长本无可厚非，符合国家相关法规要求和学校章程规定即可。但有些民办高校举办者未按照既定的途径、遵循合理的程序运用两种权力，往往将两种角色混淆，在同一职位上行使两种权力或者在一种职位上行使另一职位权力，导致学校内部治理秩序混乱。

举办者自己当校长的也有，但是客观地说他这个身份要分离，举办者身份和校长治校，哪怕是一个人，自己的定位也要分离。不然就是资本家的大学。反过来教育家就是附庸打工的，教育家治校的理念体现不出来。（SCH，0419）

（三）举办者多直接参与校长管理

当前我国民办高校职业校长市场尚不成熟，职业校长选聘制度尚未定型，民办高校难以通过标准化的程序招聘到优秀的职业校长，只能由举办者基于人脉关系或者非制度化方式选聘校长；民办高校对校长工作绩效的考核也缺乏标准化流程，往往由举办者主观判断。从目前法治环境来看，民办高校举办者在人事代理关系中处于弱势位置。由于缺乏竞争以及难以通过法律监管等正式制度对所聘管理人员进行有效监督，外聘校长不称职或潜在的道德风险增加学校人事代理成本事件时有发生，损害了民办高校以及举办者的利益。为保护学校和自身利益，民办高校举办者选择亲自聘请、考核甚至解聘校长。

---

① 邱昆树，王一涛，石猛.我国民办高校校长群体特征及其政策启示[J].中国高教研究，2016，(8)：74-79.

现在民办高校找一个好校长太难了。有些从公办学校聘来的校长并不适合，而且有些很不负责任。但是没有办法，举办者做董事长原则上就不能做校长了……我以前聘请了一个校长，什么都不管，整天睡觉，因为他的工作失误学校出事情之后，我解聘了他，他反而到法院起诉我，最后我还要赔偿他的损失。（GCH，1127）

《民办教育促进法》中的内容明显是偏向学校的，不是保护举办者的。我们现在面临这个问题：我们制定章程要有依据，举办者问这是不是你自己编的？我们没有编，都根据法规，但是这些法规找出来都是有利于学校的，不利于举办者的，在那里找不到举办者的权限。我们制定和修改章程，《民办教育促进法》赋予校长的权利都在章程里写好，举办者本来就没权限的。事实上就是这样的，学校权限是有规定的，举办者是没有这些的。（HY，1128）

四、家族化管理

（一）民办高校举办者人事管理权向中下层延伸过度造成家族化管理问题显现

根据问卷调查结果，87% 的民办高校的中下层管理人员的引进、考察、选拔、任免由举办者负责。除了不同在校生、专任教职工规模民办高校举办者以及不同类型举办者之间存在显著差异之外，其他不同背景特征变量民办高校举办者人事管理权在中层以下管理权方面不存在显著差异。这一定程度上反映了民办高校举办者在人事管理方面授权不充分、权力向下延伸过度等问题。民办高校举办者人事管理权向下过度延伸，不仅会限制下层管理者的主动性和能动性，占据自身的时间精力，还是民办高校家族化管理现象的重要成因之一。

早期的民办高校举办者，尤其是个人投资办学的举办者，倾向于视学校为个人事业或家族产业，并任命家族人员、亲信作为学校人、财、物等要害部门的负责人，实行家族化管理。随着民办高校规模逐渐扩大，家族化管理对学校发展和人事管理的负面影响逐渐显现。首先，家族化管理强化了学校归投资者所有的色彩，不利于培养学校工作人员的主人翁意识，影响学校工作人员的忠诚度和对学校发展的信心。其次，家族化管理并不能完全保证学校高效、廉洁运转，家族人员内讧、权力斗争等行为反而会降低学校的运行效率和形象，甚至影响学校决策和治理效率。再者，举办者家族管理人员素质参差不齐，难以满足学校管理需要，甚至增加了产生错误决策和不良管理行为的风险。鉴于民办高校家族化管理带来的系列问题，出于完善民办高校内部法人治理的需要，《国务院关于鼓励社会力量兴办教育促进民办教育健康发展的若干意见》建议民办学校“关键管理岗位实行亲属回避制度”。但是家族化管理具有一定的隐蔽性，外界对其进行监督具有一定的难度和挑战。

有些管理就是家族式的，管理队伍中不止一个人，我可能是董事长，我爱人可能是管什么的院长，我的孩子可能是管什么部门的。学校怎样运转，谁来做校长，人事任免、财务管理、教育教学都是我说了算……像民办高职，举办者是院长，老婆是负责教学的副院长、常务副院长。（SHX，0419）

家族管理还是要有一定规定的，但是现在也说不清，举办者的亲属，比如儿子、儿媳妇；有的看上去不是亲属，实际上是远亲，这就说不清楚了。有血缘的老婆、儿子、女儿、父母肯定能看出来，但是旁系亲属在不在上面不知道。举办者的阿姨，算不算？这没法去查的，档案都查不出来，你能去查举办者的档案吗？只能在工作中慢慢知道了他们是这个关系，但是登记时候没法监管。只能从姓上去推测，过了若干时间直系亲属肯定是要暴露出来的，但是那种旁系亲属，若干年后才知道这是他的姨夫、舅舅。（SCH，0420）

如果举办者把自己的权力定得无限大，那么整个学校的运作就会出问题。举办者把亲戚朋友家属都邀请过来，从中层到高层都是他一个人说了算，这个董事会的效率和权益肯定有问题。（SCH，0420）

（二）传统“家”文化思想也造成民办高校举办者实行家族化管理

德国伟大的哲学家黑格尔曾指出，“中国终古不变的宪法的‘精神’是

‘家庭的精神’”。传统“家”文化，不仅为中国家庭或家族提供一套规则，还泛化到社会经济生活的各个方面。在一些个人创办尤其是具有家族管理性质的企业、民办学校等组织中，现代组织正式制度和以“家”文化为基础的非正式制度往往并存。中国传统文化中的重义轻利、手足情深、家族事业等类似文化观念在家族企业形成过程中作为非正式约束对民办高校举办者人事管理具有重要影响。除了应对前述“道德风险”“逆向选择”等代理问题之外，民办高校举办者利用人事管理权将家族成员安排到学校工作，还可以为家族成员提供工作机会与发展平台，维护和发展家族利益。此外，在中国传统宗亲、家族等文化观念的影响下，一些民办高校举办者愿意为了保护社会情感财富（从企业取得的满足自身情感需要的非财务收益）而牺牲学校经济利益或者其他效益，并且家族传递意图越强的举办者，其社会情感财富的观念越明显。

在举办者看来，其家人、大家族原先是依靠学校养活，现在也要继续让他们在这里供职，不能登记为非营利性后就把家人赶出去。（GCH，1128）

现在举办者不分红，而是提高工资，把家属放到学校里做工作人员，包括董事会，进来可以拿钱吧，也可以把亲戚放到学校相关管理部门，拿工资。这种做法不好说违法，章程里也没说不允许举办者的亲戚做工作人员。（JS，0420）

第二节　优化人事管理权的理性选择

一、防范高层管理中的委托—代理问题

委托—代理关系是委托人与代理人之间的契约关系，但本质上还是权力

的授予以及对被授予权力的监督问题。[①]民办高校治理中实质上存在两层委托—代理关系：民办高校举办者成立董（理）事会，将学校最高决策权委托给董（理）事会负责；民办高校董事会作为学校利益相关者代表把学校委托给校长。将学校决策权委托给关心学校发展或者可以为学校决策有重大贡献的相关者并将日常管理权委托给专业校长，是完善民办高校治理结构、推动学校良性运转的必然选择。但由于信息不对称、目标差异、责任有限性等原因，委托—代理关系常会受到不利选择、道德风险等问题影响，损害委托人的利益，甚至导致委托人—代理人之间关系紧张。防范委托—代理问题，本质上也是委托人防范代理人滥用所授予的权力或者未能实现既定的权力目标。

民办高校举办者目前是学校决策机构成员、校长人选的主要推举人，代表学校将学校决策权、行政管理权委托给董（理）事会、校长是举办者人事管理权的重要内容。在此过程中，民办高校举办者应结合学校实际，采用构建激励机制、监督机制或选择甚至培养优秀民办高校职业校长、管理人员等方式，防范代理人不规范用权行为导致的委托—代理问题。

二、以制度实现任人唯贤、理性管理

制度具有激励、配置、保险和约束等功能，不仅可以为权力主体提供预期，明确行为的程序和规则，还可以营造一种环境，造就权力主体行为的动力、规范权力独立存在的形式。有学者把典型的以人选人、少数人选人的制度称为“伯乐相马”制度，把依靠制度规则选人的方式称为“规则赛马”制度。[②]作为一种权力约束手段和人力资源管理方式，制度化选聘是优化民办

① JENSEN M C, MECKLING W H, BLOMBERG J M, et al. Theory of the firm: managerial behavior, agency cost and ownership structure [J]. Social Science Electronic Publishing, 1976,(4): 305-360.

② 任建明．领导干部选拔制度模式研究[J].清华大学学报：哲学社会科学版，2003,(S1)：69-75.

高校举办者人事管理权的有效途径。完善内部人事管理制度，可以为民办高校举办者行使人事选聘、考核权力提供依据，在人和制度之间形成分权模式，在保障举办者人事倡议权的前提下，把人事管理的终裁权交给制度。[①] 制度化聘任有助于将岗位需求与人才质量之间的匹配程度衡量标准固定化，将人才任免的过程客观化，从而减少人事任免、考核主观化的倾向，促进举办者理性用权。

人事管理权制度化也是缓解民办高校家族化管理弊端与举办者需求之间关系的重要手段。针对家族化管理带来的系列问题，《国务院关于鼓励社会力量兴办教育促进民办教育健康发展的若干意见》要求民办高校关键岗位实行亲属回避制度。从马来西亚等国家私立高校发展过程来看，很多私立高校会经历从家族控制到社会托管的转变，家族化管理是私立高校发展过程中一个阶段性特点。目前我国就处于这种转变阶段，这一实际状况应得到尊重。通过人事管理制度建设将人才标准制度化，民办高校举办者可以依据选聘标准在家族成员中推举人才，兼顾家族与学校需求，在家族成员中选贤任能，即举办者家族成员与其他人员公平竞争，只要能够胜任岗位需求，就可以进入学校管理层。

第三节 保障与规范人事管理权的基本路径

一、塑造规范性与保障性的制度环境

推动实现民办高校举办者人事管理权，理应围绕保障与规范两个功能导向，优化民办高校举办者行使权力的制度环境。

一是主管部门继续简政放权，塑造民办高校举办者自主行使学校人事管

① 任建明.把权力关进制度笼子的逻辑与对策[J].理论探索,2015,(6):43-47.

理权的制度环境。推进民办高校举办者管理行为相关事项审批、备案和审核制改革，构建政府监管兜底、举办者自主创新管理模式的政校关系，为民办高校举办者探索创新董（理）事会成员以及校长选聘、考核及解聘方式提供充足的空间。二是为民办高校举办者合法性人事权提供制度保障。当前《民办教育促进法》明确了举办者进入学校董（理）事会的权利，增加“民办学校的举办者根据学校章程规定的权限和程序参与学校的办学和管理”相关规定，但还应增加并细化举办者相关人事权力被弱化时的保障和补救途径等相关规定。三是构建民办高校举办者人事权约束与规范机制，建立民办高校举办者黑名单制度，防范并惩治民办高校举办者侵害管理人员和师生合法权益的不当用权行为。四是鼓励并规范第三方评估和监督机构的发展，一方面引导第三方在监管民办高校举办者办学行为方面的积极作用，另一方面督促社会监管机构保持中立客观立场，避免片面倒向政府或民办高校举办者任何一方。

二、完善核心管理人员聘任考核制度

完善核心人事聘任考核制度，是更好地实现民办高校举办者人事权的理性选择。首先是完善校长选聘制度。借鉴国外私立高校和一些典型民办高校的做法，在学校内部成立校长选聘委员会或选聘小组，由选聘委员会或选聘小组面向校内外筛选候选人，最后将候选人名单提交董（理）事会，由董（理）事会进行决策。没有条件的学校，可以退而求其次，由举办者提供建议人选，由学校董（理）事会决策或者全校教职工投票选举。其次，逐步完善决策机构人员进出制度。学校首届董（理）事会、监事会成员可以由举办者邀请或推举产生，但随着机构成立，应建立有效的人员进出机制，将机构人员进入标准、程序、退出制度化。由主管部门审核学校决策机构中举办者代表席位数量和人员结构，审查民办高校董（理）事会成员结构的合理性，畅通监督渠道。再者，民办高校举办者应主导建立高层次人才引进和教职工人事管理制度，确保其他管理层行使举办者下放人事管理权有规可循。

三、建设分权式梯级管理团队

进一步优化内部人事管理，从根本上解决校长更换频繁、学校内部管理团队断层、内蓄后备人才不足等问题，民办高校举办者应长远谋划管理队伍建设，做好人才储备工作，保障学校管理人才不断、职位顺利交接。实现管理团队梯队式发展，民办高校举办者应引导建设内部管理人才梯队资源池，并辅以人才区分机制、培养机制、选拔机制和发展激励机制，在此基础上，逐步实现学校人事管理权逐层下放。

民办高校举办者打造人才梯队的途径主要有三个。一是有意识、有准备地将家族成员培养成为合格的管理者。比如通过让亲属、子女等家族成员接受高质量教育，提前进入学校从基层做起，经过锻炼后按照学校内部管理者晋升途径逐渐担任要职，最终进入决策层。二是从学校内部培养中高层管理者。民办高校内部成长起来的管理人员，一方面比较了解学校的历史状况和发展定位，熟悉学校的组织氛围、运行模式、规章制度等文化环境，无需工作适应期，有利于学校工作持续顺利开展；另一方面，学校内部人员对学校充满了深厚的感情，忠诚度较高，有利于节省代理成本。三是对外公开招聘高层次管理人员。相比公办高校，民办高校举办者可以充分发挥自主性、专业性和民主性，开阔视野，在世界范围内招贤纳士。对外招聘高层次管理人员，一方面可以提高获得最佳人选的概率，另一方面受聘社会贤达人士或领域内知名人士可以为学校发展汇聚各种社会资源、提高学校国内外知名度。概括来讲，就是通过建设分级人才培养与管理体制，从内部培养关键人才，从外部引进储备战略型人才、管理型人才，注重各层次、各序列人才培养，定期更新人才储备，推动人才库梯队化、动态化发展。

第六章

教学科研管理权及其实现

在民办高校举办者管理权的四个维度中，教学科研管理权的水平最低（均值 =3.39）。在总体规划、科研监管、教学监管三个层面，民办高校举办者的总体规划权的水平最高（均值 =3.49）、教学监管权的水平最弱（均值 =3.31）。此外，不同类型、职务、办学层次、办学年限、师生规模、分类取向的民办高校举办者教学科研管理权均值存在显著差异。本章将分析实现民办高校举办者人事管理权的内在要求，通过深入挖掘数据背后隐藏的问题、辅以访谈资料，剖析问题表现及成因，并提出优化的基本思路。

第一节　主要问题

一、群体差异显著、权力与职位不匹配现象突出

问卷分析发现，民办高校举办者教学科研管理权水平高低受个人以及学校因素影响最为明显。不同类型、职务、专任教职工规模、在校生规模、分类意向的民办高校举办者的总体规划权、教学监管权和科研监管权均存在显著差异，并且不同办学层次、办学年限民办高校举办者的教学监管权和科研监管权均存在显著差异。在这些影响因素中，举办者类型、职务的影响最为广泛，这与教学科研管理具有特殊性和专业性、职位导向性要求最高相关。

此外，问卷数据显示，民办高校举办者的教学科研管理权水平、侧重点与所承担职务之间的匹配性并不十分符合高校教学管理主要由校长负责的特点。在不同职务民办高校举办者群体中，担任多项高级职务的民办高校举办者的总体规划权、教学监管权均值最大，担任书记的民办高校举办者的科研监管权均值最大；担任校长的民办高校举办者各层面权力均值反而偏小，尤其是教学监管权处于最低水平。举办者身兼数职必然会导致权力偏大，但只担任校长的民办高校举办者教学科研管理权偏小以及其他职务类型民办高校举办者教学科研管理权偏大，说明民办高校举办者职务与教学科研管理权之

间不匹配的问题较为突出。

二、教学科研管理权配置混乱

当前，我国大部分民办高校章程尚未明确举办者参与学校管理的政策和程序，导致举办者权力过大或过弱，相应地对民办高校举办者的教学科研管理权也产生了不同影响。首先，权力分立不到位，一方面为举办者身兼多项高级管理职位留下了空间，导致兼任校长的举办者权力过大，或者由于投入教学科研管理的时间精力有限，不能充分行使与校长职位相匹配的教学科研管理权；另一方面，民办高校举办者与外聘校长在教学科研管理权方面界限不清，导致两者之间权力挤压、冲突等问题缺乏调节机制。其次，校长负责制尚不完善，导致民办高校校长权力和职责缺乏制度保障。此外，学术委员会等其他学术权力制衡机制欠缺则导致学校内部各主体的教学科研管理权缺乏比较有效的制衡和约束，在促进权责匹配方面发挥的作用受限。

如果举办者自己不懂办学，就要依赖于校长，如果碰到好校长还好，碰到不好的校长还折腾一下。从现在的政策环境来说，举办者还是蛮弱势的。（1128，HY）

校长权力过大，举办者在教学科研管理方面被架空也是有可能的。这种现象曾经出现过。（SHH，0420）

三、民办高校举办者学术监管偏弱、专业性不足

（一）民办高校举办者对教学科研质量的监管力度较弱、专业性较低

本研究问卷调查结果显示，民办高校举办者的学术监管尤其是教学监管得分最低，26.6% 的民办高校举办者不会定期听取学校教学规划、改革等进展情况，30% 的民办高校举办者不会对学校教学质量进行考核，32.7% 的民办高校举办者不会听取学校科研工作进展情况。随着民办高校由外延式发展向

内涵式发展转变，提升教学科研质量成为民办高校发展的核心诉求，理应是民办高校举办者管理权的重点。但是在办学过程中，为积累办学资本、抢占市场，一些民办高校举办者未能完全兼顾生存与发展、规模与质量、硬件建设与内涵发展的关系，仅把握学校的人事管理权和财务管理权，或者完全将教学科研管理放在次要位置，主要关注学校发展的经济效应，未给予学术工作以足够的重视；一些民办高校举办者将教学科研管理完全放权给校长，也未给予必要的监管。

民办高校举办者将教学科研管理权放权给校长是尊重学术自由的必然要求，但必须发挥监督者的作用，保留充分的教学科研监管权。访谈发现，民办高校举办者对学术监管不力主要表现为两种情况：一是学术质量监管意识不足，学校学术质量监管体系不健全；二是对学术监管的重点定位不精确、专业性不足，以管促优的效果不明显。

说实话，一些举办者根本不关心教学质量怎么样，也不懂，只关心学校招了多少学生、收了多少学费。（HB，1121）

举办者不懂教学。我看过几种举办者跟校长之间的合约，一般他不懂教学的话，考核目标就会是招生、经费，比如说你今年招生多少。一般聘请校长，举办者会说给你 50 万，那么你要完成多少。其实有一些是企业经营的指标绩效，不是真正的从一个大学发展的角度，可能就是招生招多少、今年收费多少，再可能有几个大的指标，比如说通过评估、安全稳定，但真正从办学的角度上说其实是很难的。（HY，1128）

（二）民办高校举办者知识与资源结构限制了其参与教学科研管理的科学性和专业性

知识和资源既是民办高校举办者创办学校的资本，也是其学校管理权的重要来源。虽然民办高校举办者面向市场办学，但是其教学科研管理也应遵循相应的规律。管理者必须了解并尊重民办高校教学科研规律，才能实现有效管理。民办高校举办者的学术知识和资源充盈情况直接影响其参与学校教学科研管理的深度、方式和质量，进而影响其在教学科研管理方面的权威。学术知识和资源是导致民办高校举办者在教学科研管理过程中出现过度放权或过度干涉、权力重点错位等诸多问题的重要原因。

首先，民办高校举办者教育管理知识储备情况影响其行使教学科研管理权的合理性和有效性。我国民办高校举办者中，有一小部分是教师出身，具备满足教学科研管理需要的基本教育教学经验和专业知识。但不能忽视的事实是，大部分民办高校举办者是缺乏高校管理专业知识的企业家。这种情况下，民办高校举办者比较明智的做法是聘请专业校长，授权校长全面负责学校日常教学科研管理，并通过完善学术质量管理制度和校长考核机制实现学术监管。但由于欠缺相关知识，有些民办高校举办者不懂得尊重学术自由，将本该放给校长的学术权力管死；或者将教学科研管理权完全下放，仅保留形式上的知情权；或者不能根据办学规律建立科学合理的学术质量监管制度和校长绩效考核机制，导致监管乏力。此外，有些民办高校举办者的时间精力主要投入在企业运营中，除了对学校资产、重大决策进行管理监督管理之外，投入到教学科研的精力非常有限。

教学上的很多东西我不懂，没法参与。我观察了，有的学校举办者胡乱参与，把教学都给搞乱了。（XY，0813）

其次，民办高校举办者积累或占据的社会资源也会影响其参与教学科研管理的深度和侧重点。比如有些民办高校举办者会充分利用其社会影响力和资源为学校学术发展争取各种机会和有利条件。以 YC 学院为例，该校举办者充分利用个人积累的社会资源为学校科研服务，并直接参与学校课题申报工作。在一些国有民办型高校，举办者虽然很少参与学校教学科研管理，但也会充分利用身份优势，在民办高校升本、申请硕士点等关键时期为学校争取资源和机遇，为学校发展争取到良好的发展空间、政策。比如，某事业单位举办的民办高校计划申请升本，但根据政策规定公办高校不再升级为本科，为避免办学体制导致的不必要麻烦，学校将举办者改为社会机构，在成功升本后又变更为原举办者。虽然一些事业单位举办者很难为学校提供资金或人力支持，但是其在为学校发展尤其是教学科研发展争取资源方面更具优势。

在教学科研管理方面，由于比较专业，学校聘请了专门的执行校长负责，举办者基本不怎么参与。（NY，1009）

我们学校举办者会帮助我们向教育厅、一些部门申请一些横向的项目，还有政府购买服务，他都会去参与。（YC，0824）

第二节　用好教学科研管理权的内在要求

一、行政权力与学术权力分离

行政权力与学术权力是高校管理中一对共存的权力二元结构，两者博弈状态直接影响学校内部权力配置，但均服务于学校目标的实现。行政权力是一种职务权力，由高校行政管理人员依据学校规章制度对学校进行管理。学术权力是对学术活动进行管理的权力，包括对学术资源的支配权、对学术事项的决策权以及对学术评价的决定权等。作为一种专业权力，学术权力有其本身内在的学术逻辑，应由从事相关学术事务的学术机构或人员作为主体。两种权力遵循不同的价值文化，自成权力体系，但同时又相互渗透、相互制衡。

学术权力行政化抑或行政权力挤压学术权力的现象在民办高校同样存在。两者在博弈过程中容易形成两种极端：一类是“少权—索权”，即学术主体参与决策的权力被削弱而去争取更多的权力；一类是“混权—滥权”，即兼具学术权力和行政权力的“双肩挑”人员混用权力扰乱学校学术制度。[①]优化民办高校举办者教学科研管理权，必须通过界定权力范围，规范行政权力，使学术权力归位。推动行政权力与学术权力分离，从举办者角度出发，应当通过主体赋权、运行配权、对象束权、行使规权推动学术管理归位，即民办高校举办者向校长和学术管理机构让渡更多学术管理权，实行集权下的分权目标管理，以行政人员职业化优化学术管理秩序，明晰并保障学术组织、学术共同体的权利并引导其合理用权。

二、重塑教学科研管理的专业性

学术工作是一种专业实践活动，其有效运行更多地依靠专业权力。根据弗雷德逊（Eliot Y Freidson）给出的定义，“专业”的内涵可以从两个方面理解：一是将其看作一个较为宽泛、具有一定威信、接受过某种形式高等教育的职业群体，其身份确定主要依据学历而不是专有的职业技能；二是将其界定为一个有限的职业群落，其中每个个体有特定的、或多或少类同的制度和意识形态属性。[②]无论在哪个角度进行理解，教学科研活动的专业性要求专业性的管理。此外，民办高校教学科研管理具有不同于其他行政权力以及普通公办高校教学科研管理的价值文化，需要举办者尊重其价值文化并因势利导。

民办高校举办者应从构建自身专业权力和培育其他群体专业权力两个角度重塑教学科研管理的专业性。一方面，作为专业群体和专业活动的管理者，民办高校举办者必须具备专业的职业技能、经验并遵循民办高校教学科研活动规律，即确保自身拥有与权力相匹配的专业知识，确保用权行为和方式符

① 谢凌凌.大学学术权力行政化及其治理——基于权力要素的视角[J].高等教育研究，2015,(3)：41-45.

② FREIDSON E. Professional Powers： A Study of the Institutionalization of Formal Knowledge [J]. Social Forces, 1986,(5)：1218.

合教学科研管理活动的需求。另一方面，民办高校举办者要尊重并培育其他专业权力，寻求与教师、校长等主体教学科研管理权的和谐相处之道。

第三节　保障与规范教学科研管理权的基本路径

一、明晰举办者角色，推动权责一致

根据权力来源理论，职务是个体正式权力的重要组织来源。民办高校举办者的教学科研管理权与其职位匹配性较低，很大程度上是因为举办者角色定位不清晰、职务混杂。因此，更好地实现教学科研管理权，应以举办者的角色定位和职务为着力点，即举办者明确自身的角色定位，并据此通过担任一定的职务获得相应的教学科研管理权。首先，继续推动民办高校举办者多重身份分离。地方主管部门继续引导民办高校加快建立和完善现代大学制度，对学校董（理）事会成员、校长人选实行审核备案制，确保兼任校长的举办者符合任职资格。民办高校举办者应当依据个人核心诉求、条件优势以及学校实际情况和法规要求，以“择其善者、择其能者”的理念取代“大而全”的角色定位，在合理的角色范围内承担职务、占据教学科研管理权，并不断增进教学科研管理权所需的基础和条件。

其次，完善内部制约机制，推动举办者的职务与权力适度匹配。以董（理）会制度、校长选聘制度、监事会制度、学术委员会、教职工代表大会、学生代表大会等制度建设为基础，通过合理分权、相关群体合理维权，形成权力相互牵制的态势，形成教学科研管理权制衡机制，防止或监督举办者不当用权行为。在此基础上，进一步明晰举办者在相应职务上所享有的教学科研管理权。比如，企业出身的举办者，与社会、市场联系紧密但是缺乏高校管理经验，可担任学校董事长等校长之外的职务，适当参与总体规划，加强教学和科研监管；具有丰富高校管理经验的个人型办学者，熟悉学校发展历

史与现状，在满足相关条件的前提下可直接担任学校校长，全面主持学校教学科研管理工作。

二、了解师生需求，建立教学科研质量监控体系

教学科研质量是高校管理永恒的主题和核心，也是学校发展的生命线。民办高校举办者一方面应多途径了解师生需求，增进对学校教学科研工作的认知；另一方面应完善教学科研质量监控体系，提高教学科研管理水平和效率。

首先，多途径了解相关群体在学术工作方面的需求。一是充分了解教师的需求。探索学校董（理）事、会、教职工代表选举制度，将最了解学校教学科研工作状况、最关心学校发展、最具代表性的教职工代表纳入决策机构；加强学校教职工代表大会制度、学术委员会制度建设，充分发挥其对学校教学科研工作的民主管理和咨询功能。二是充分了解学生需求，听取学生意见。一方面深入学生群体，通过访谈学生代表、课堂调研、问卷调查等形式，调研学生的学习需求和满意度，听取学生对学校教学工作的评价和建议。另一方面畅通学生诉求上传渠道，充分发挥学生代表大会等学生社团的作用，使其成为学生诉求喉舌、学校教学科研工作的重要信息源泉；设立举办者信箱、热线电话等渠道，鼓励学生积极反映学校教学科研工作中的问题、主动为学校教学科研工作提供建议；结合学校具体情况，吸纳学生代表进入学校决策机构或参与学校校务工作会议，听取学生代表对学校教学科研工作的意见。三是广泛调研家长、用人机构需求，企业合作单位等社会力量对教学科研工作的满意度，为教学科研决策提供信息支撑。

其次，民办高校举办者要树立正向的教学科研质量监控理念，注重教学科研质量监控体系的信度、效度和限度。一是强化教学科研质量评价结果在提高质量、指导师生发展方面的正向作用，引导师生认可教学科研质量监控体系，避免教学科研质量监控体系成为简单的惩罚工具或学生泄愤手段，更

要避免质量监控沦为一种形式。二是调动各主体参与教学科研评价的积极性，从自我评价和他人评价两个方面推动教学科研质量监控体系建设。充分利用学生教学满意度调查、教师自评与互评、管理者以及家长与用人单位等校外利益相关者综合评价等方式，构建全方位、多元化信息反馈机制，为诊断学校教学科研质量提供充实的信息。三是注重教学科研质量监控的持续性。坚持日常评价与定期评价相结合、过程评价与结果评价相结合、重点评价与一般性评价相结合，增强教学科研质量监控的效果。此外，民办高校举办者还要注重利用政府和社会中介机构监控的作用。积极参与政府教学质量评估，利用政府教学质量评估结果诊断、改进学校教学工作；客观参照社会中介机构对民办高校办学质量的排名。

结　语

英国高等教育学家艾瑞克·阿什比曾说："大学的兴旺与否取决于其内部由谁控制。"[①]美国当代著名高等教育学家伯顿·克拉克认为，高等教育是一种"作为权力系统的学术系统"，权力是其基本构成要素之一，大学内部权力的分布对大学具有根本性的影响。[②]《民办教育促进法》要求民办高校完善内部治理结构，并新增"民办学校的举办者根据学校章程规定的权限和程序参与学校的办学和管理"条款，直接触及民办高校以举办者管理权为核心的权力布局。优化举办者管理权实现路径是推动调整民办高校内部既有权力秩序、重塑并规范民办高校内部新的权力秩序从而完善内部治理机制的重要着力点和突破口。鉴于目前我国民办高校的特殊现状，实现民办高校举办者有序参与学校治理，不能简单地采取剥夺举办者管理权或者延续以往的放任态度，必须从尊重保障与规范制约两个角度予以分析：一方面应当尊重举办者参与学校管理的能力和诉求，调动举办者继续办学的积极性；另一方面要致力于推动民办高校内部权力配置合理化，规范举办者办学行为，提高民办高校内部的运行效率。

鉴于此，本研究参照管理活动要素并结合民办高校内部管理实际，构建了以组织与制度建设管理权、财务管理权、人事管理权和教学科研管理权为基本内容的民办高校举办者管理权分析框架；以权力来源理论与权力制约理论为指导，明晰实现民办高校举办者管理权的逻辑思路。以问卷与访谈为主要调查方法，分析民办高校举办者管理权的现状、影响因素，重点探讨民办高校举办者各方面管理权存在的问题、成因以及基本的实现路径。研究的主要发现如下。

民办高校举办者管理权分布于学校内部治理各方面事务之中，包括组织与制度建设管理权、财务管理权、人事管理权和教学科研管理权等四个方面。

---

① ASHBY E. Adapting universities to a technological society [M].Jossey-Bass Publishers, 1974: 59.

② 伯顿·R·克拉克.高等教育系统——学术组织的跨国研究[M].王承绪，等译.杭州：杭州大学出版社,1994: 143.

民办高校举办者管理权较充分，其中又以组织与制度建设管理权水平最高，财务管理权次之，教学科研管理权水平最弱。民办高校举办者自身以及学校等不同背景特征变量对其管理权不同层面具有不同程度的影响。其中，组织与制度建设管理权受举办者的职务以及学校办学层次、办学年限、教职工规模、在校生规模、分类取向等因素的影响显著，由于制度环境不健全、举办者精力有限、主管部门不当约束等原因，民办高校举办者在组织与制度建设管理中存在核心机构不健全、权力配置迷乱，总揽规划管理权、学校规划持续性不足，机构运行主观化、制度建设滞后等问题。进一步实现民办高校举办者管理权，需要民办高校依法健全组织机构与制度，逐步实现组织机构运行常态化；充分发挥教育—市场双重领域的优势；尊重多元化权力主体，统筹建立并完善举办者主导与民主决策相结合的决策机制。民办高校举办者财务管理权主要受教职工规模、在校生规模影响，明显存在以监代管，薄弱、过度控制以及以权谋利等问题，亟须主管部门尊重举办者应有权力和利益，引导举办者分权，实现财务制度化管理，具体措施包括：优化财务控制权配置；完善财务体制，推动管理制度化；政府部门保障举办者的合法经济权益，从外部推动建立民办高校举办者权力制约立体网。民办高校举办者人事管理权的水平受举办者的职务以及学校办学层次、年限影响显著，并且由于把握控制权的需要以及制度不完善、传统“家”文化等因素影响，民办高校举办者的决策机构人事权过大，人员推举程序、构成不够合理；举办者代行校长管理权，并且选聘校长主观化；人事管理权向中下层员工延伸过度，家族化管理现象突出。进一步优化民办高校举办者人事管理权，应在防范人事代理问题、实现理性管理的目标下，优化制度环境，引导民办高校举办者完善人事聘任考核制度，建设分权式梯级管理团队。民办高校举办者的教学科研管理权水平受举办者的类型、职务以及学校办学层次、办学年限、专任教职工规模、在校生规模和分类取向等因素影响；由于学校治理结构尚不完善、举办者知识和资源结构有限，民办高校举办者教学科研管理权存在群体差异显著、权力—职位匹配度较低，学术监管偏弱、用权行为专业性较低等问题。进一步优化民办高校举办者的教学科研管理权，需要推进行政权力与学术权力分离，突出民办高校管理的专业性；在明晰举办者角色的基础上，推动学校内部各部门、职位权责一致；举办者则多途径了解师生需求，推动建立学校内部教学科研质量监控体系。

此外，应意识到，当前我国民办高校举办主导的内部治理权力结构虽然有其发展阶段的必然性和必要性，但是也应参照国外私立高校举办者权力逐步回收至合理范围并且以民主决策方式参与内部治理的经验，顺应民办高校内部治理的发展规律，主动引导学校完善内部治理结构，推动规范内部治理秩序。

本研究力求有新突破。第一，在理论层面，构建了基于管理活动要素的民办高校举办者管理权结构，明晰了相关概念；以权力来源理论、权力制约理论为基础，明确了通过尊重保障与规范制约相结合以优化民办高校举办者管理权的基本思路，拓展了民办高校内部治理研究的新视角，推动民办高校改革发展和治理理论创新。第二，在方法层面，结合研究群体的特点和研究问题的特殊性，以举办者和其他知情者为数据来源，定性研究与定量研究相结合，提高了数据的客观性和全面性。以人口学特征的数据统计分析方法，客观描述民办高校举办者管理权的现状、不同特征举办者之间管理权的差异以及存在的问题；利用访谈深入挖掘现状问题表征和原因，力求问题客观、全面。第三，在应用方面，针对民办高校举办者组织与制度建设管理权、财务管理权、人事管理权和教学科研管理权存在的问题，逐一提出消除问题、优化权力效果的基本路径，为突破性解决民办高校内部治理发展难题提供对策措施。

本研究尚存有不足。第一，分析论述视角的问题。权力是社会学科研究中最为常见、也最为复杂的主题。本研究是对民办高校举办者这一特殊群体权力的探讨，受制于研究者现有知识结构和投入精力以及民办高校内部治理现状等因素，难以完全将举办者管理权和民办高校管理权剥离，有时将举办者管理权嵌套在民办高校内部治理之中，并且难以穷尽举办者管理权存在的所有问题。第二，调查样本量问题。研究者尝试各种途径，尽可能邀请更多举办者和管理者参与问卷调查和访谈，但受限于目标对象的整体数量少、研究者又难与之建立联系、研究主题敏感性较大等因素，回收问卷数量、访谈人数有限。

参考文献

（一）中文文献

中文期刊：

[1] 八大垄断行业不再高枕无忧 [J]. 计划与市场探索，2000，（3）：19.

[2] 别敦荣 . 论民办教育发展的第三条道路 [J]. 华中师范大学学报（人文社会科学版），2012，（3）.

[3] 曹淑江 . 关于民办高等教育几个问题的探讨 [J]. 江苏高教，2001，（4）.

[4] 查明辉 . 论民办高等教育市场化发展模式的特征 [J]. 黑龙江高教研究，2011，（2）.

[5] 查明辉 . 民办高校“三驾马车”领导管理体制研究 [J]. 现代教育管理，2012,（4）.

[6] 陈宏彩，邓蓉敬 . 以权利制约权力：政治文明的新发展 [J]. 理论与改革，2003，（6）.

[7] 陈凌，王昊 . 家族涉入、政治联系与制度环境——以中国民营企业为例 [J]. 管理世界 ,2013，（10）.

[8] 陈文联 . 构建民办高校法人共同治理结构的现实思考 [J]. 国家教育行政学院学报，2009，（7）.

[9] 陈文联 . 利益相关者视野中民办高校的责任 [J]. 国家教育行政学院学报，2011，（4）.

[10] 陈岳堂 . 民办高校法人产权制度的构建 [J]. 当代教育论坛，2013，（2）.

[11] 代蕊华，王斌林．政府资助与民办高校发展 [J]. 教育发展研究，2006，(2)．

[12] 单大圣．非营利性民办学校的困境与出路 [J]. 现代教育管理，2013，(12)．

[13] 丁坤．促进民办高校可持续发展的政府资助研究 [J]. 中国成人教育，2013，(15)．

[14] 董圣足，李蔚．论民办高校章程的制定与完善 [J]. 高等教育研究，2008，(6)．

[15] 董圣足，李蔚．民办高校举办者变更问题研究 [J]. 教育发展研究，2008，(20)．

[16] 董圣足，朱坚．我国民办高校的内外部治理特征 [J]. 现代教育管理，2010，(8)．

[17] 董圣足．浅论民办高校监督制度的构建 [J]. 教育与职业，2010，(2)．

[18] 董学军．民办高校管理现状分析 [J]. 沈阳教育学院学报，2011，(3)．

[19] 方芳．民办学校法律纠纷折射出的治理问题及其改革 [J]. 现代教育管理，2016，(4)．

[20] 方铭琳．我国民办高校产权期待合理规范 [J]. 职业技术教育研究，2005 (9)．

[21] 冯淑娟．民办高校法人治理结构的完善 [J]. 教育发展研究，2008，(Z4)．

[22] 龚怡祖．大学治理结构：现代大学制度的基石 [J]. 教育研究，2009，(6)．

[23] 巩丽霞．民办高校分类管理的地方政策比较分析与建议 [J]. 高校教育管理，2015，(3)．

[24] 巩丽霞．民办高校内部管理机制的法律思考 [J]. 教育发展研究，2008，(Z2)．

[25] 巩丽霞．民办高校章程建设研究 [J]. 高校教育管理，2013，(3)．

[26] 韩玉亭．民办高校内部治理机制的困境及出路 [J]. 高教发展与评估，2017，(1)．

[27] 胡建波．试点探索民办高校内部管理体制改革 [J]. 中国高等教育，2014 (Z3)．

[28] 胡四能．民办高校法人治理结构研究 [J]. 高等工程教育研究，2006，(6)．

[29] 胡先锋．多元权力主体与大学组织均衡发展 [J]. 黑龙江高教研究，2005，(5)．

[30] 黄福涛．国际私立高等院校管理模式研究——历史与比较的视角 [J]. 清华大学教育研究，1999，(3)．

[31] 黄志兵，李艳．“内部人控制”与民办高校董事会治理的完善 [J]. 现代教育管理，2009，(8)．

[32] 黄中生．财务控制权配置：目标及实现机制 [J]. 当代经济科学，2006，(6)．

[33] 惠向红，李娜．基于利益相关者视角：民办高校决策水平提升路径研究 [J]. 中国成人教育，2016，(14)．

[34] 季红霞．民办高校投资“合理回报”与教育经费监管 [J]. 财会月刊，2016，(8)．

[35] 贾东荣．“民办教育”应重新界定 [J]. 教育发展研究，2006，(24)．

[36] 贾东荣．民办学校存在的问题及防范措施 [J]. 教育与职业，2006，(20)．

[37] 贾建国．我国民办高校产权的新制度经济学分析 [J]．中国高教研究，2011，(7)．

[38] 金成，王华．经济回报、权力获得与自我实现——我国民办高校举办者办学动机探究 [J]．教育发展研究，2016，(21)．

[39] 景安磊．民办高校教师权益实现的问题、思路和措施 [J]．国家教育行政学院学报，2014，(12)．

[40] 李国庆，徐波峰．民办学校法人财产权的内涵及其制度保护 [J]．生产力研究，2007，(2)．

[41] 李勤，钟建芳．制度视域下的我国民办高校法人治理结构分析 [J]．黑龙江高教研究，2014，(9)．

[42] 李望国．资本的逐利性与教育的公益性——民办高校的“非营利性”探讨 [J]．中国高教研究，2010，(10)．

[43] 李炜．民办高校收入分配制度探讨 [J]．财会通讯，2011，(18)．

[44] 李文章．利益相关者视角下的民办高校分类管理政策选择 [J]．黄河科技大学学报，2015，(3)．

[45] 刘根东，王康慧．江苏民办高校法人治理结构存在的问题与对策 [J]．南通大学学报（社会科学版），2013，(5)．

[46] 刘建银．民办学校分类管理的动因、目标与实现路径 [J]．国家教育行政学院学报，2011，(4)．

[47] 刘莉，林长兴．民办高校党组织功能定位与作用发挥研究 [J]．理论导刊，2013，(10)．

[48] 刘颂．民办高校治理结构的成因分析：内外约束下的结果 [J]．黑龙江高教研究，2009，(3)．

[49] 刘熙．民办高校章程建设的制度基础与问题反思 [J]．浙江树人大学学

报（人文社会科学版），2014，（5）.

[50] 刘侠．我国民办高校产权管理的困境及策略 [J]. 高校教育管理，2013，（4）.

[51] 刘耀明．民办高校分类管理的制度逻辑 [J]. 复旦教育论坛，2011，（3）.

[52] 刘宗胜．民办学校财产权探析 [J]. 学术交流，2002，（5）.

[53] 卢彩晨．家族式民办高校：控制权结构演进与可持续发展 [J]. 国家教育行政学院学报，2012，（10）.

[54] 卢彩晨．家族式民办高校的形成机理与运行保障 [J]. 大学教育科学，2013，（1）.

[55] 罗殷．我国民办高校大学章程的制定与完善 [J]. 教育与职业，2012，（29）.

[56] 明航．论家族制民办学校的内涵和特征——基于新制度经济学视角 [J]. 职业技术教育，2008，（10）.

[57] 倪炎，林晔，沈悦林，等．发展杭州民办高等学校的模式选择研究 [J]. 杭州科技，2001，（6）.

[58] 宁本涛．论民办学校的范畴和性质 [J]. 教育理论与实践，2002，（10）.

[59] 彭江．初论现代大学制度的本质及逻辑 [J]. 复旦教育论坛，2006，（1）.

[60] 邱昆树，王一涛，石猛．我国民办高校校长群体特征及其政策启示 [J]. 中国高教研究，2016，（8）.

[61] 阙海宝．民办高校产权的制度完善与创新 [J]. 教育与职业，2009，（17）.

[62] 任建明．把权力关进制度笼子的逻辑与对策 [J]．理论探索，2015，（6）．

[63] 任建明．领导干部选拔制度模式研究 [J]．清华大学学报：哲学社会科学版，2003，（S1）．

[64] 任志新，尹晓岚．我国民办高校产权明晰的路径思考——基于我国现行法律法规的产权明晰现状分析 [J]．教育探索，2015，（12）．

[65] 沈学伍．民办高校营利观刍议 [J]．江苏高教，2006，（1）．

[66] 施文妹，周海涛．落实民办高校办学自主权的地方实践与创新发展——基于六省区民办高等教育政策的分析 [J]．教育发展研究，2014，（Z1）．

[67] 石猛．当前我国民办高校产权问题探讨 [J]．中国成人教育，2012，（13）．

[68] 王华，王德清．民办学校举办者利益诉求与国家需要的矛盾及化解路径 [J]．中国教育学刊，2017，（3）．

[69] 王华，王一涛，王德清． 民办高校举办者权利的嬗变及回归 [J]．高教探索，2016，（11）．

[70] 王洁．论我国民办高校“发展瓶颈” [J]．江苏社会科学，2010，（s1）．

[71] 王诺斯，张德祥． 制度创新视域下民办高校分类管理的现实困境分析 [J]．中国高教研究，2017，（2）．

[72] 王庆如．民办高校办学效益探析：以陕西高校为例 [J]．高教探索，2014，（3）．

[73] 王文源．民办教育顶层制度设计之争 [J]．高教发展与评估，2014，（4）．

[74] 王文源．民办学校的产权与权益 [J]．中小学管理，2001，（6）．

[75] 王贤俊，黄金声．协调统筹发展是民办高校的生命线 [J]．黑龙江高教

研究，2009，（11）.

[76] 王一涛，刘继安，王元 . 我国民办高校董事会实际运行及优化路径研究 [J]. 教育研究，2015，（10）.

[77] 王一涛，刘继安 . 中国民办高校董事会规范结构和行为结构偏差的实证分析 [J]. 复旦教育论坛，2015，（4）.

[78] 王一涛 . 论公益性民办高校产权制度的构建 [J]. 中国高教研究，2010，（9）.

[79] 王一涛 . 论我国民办高校的公益性 [J]. 教育发展研究，2010，（18）.

[80] 王一涛 . 民办高校产权：分析框架的初步建构及应用 [J]. 华中师范大学学报（人文社会科学版），2009，（3）.

[81] 王一涛 . 民办高校产权：概念的阐释及分析框架的建构 [J]. 现代教育科学，2010，（7）.

[82] 王一涛 . 民办高校创办者子女接班：一个值得关注的现象 [J]. 高等教育研究，2012，（7）.

[83] 王一涛 . 我国民办高校创办者群体特征及其政策启示 [J]. 高等教育研究，2014，（10）.

[84] 文东茅 . 论民办学校的产权与控制权 [J]. 清华大学教育研究，2003，（2）.

[85] 邬大光. 投资办学：我国民办教育的本质特征 [J]. 浙江树人大学学报（人文社会科学版），2006，（6）.

[86] 邬大光 . 我国民办教育的特殊性与基本特征 [J]. 教育研究，2007，（1）.

[87] 肖晗 . 产权：围困民办教育的第一道篱笆 [J]. 时代法学，2011，（4）.

[88] 肖晗 . 论民办教育中产权保护机制的完善 [J]. 教育评论，2011，（3）.

[89] 肖俊茹，王一涛．论民办高校法人治理结构的完善 [J]. 现代教育科学，2011，(1)．

[90] 谢凌凌．大学学术权力行政化及其治理——基于权力要素的视角 [J]. 高等教育研究，2015，(3)．

[91] 徐文．当前民办高等教育研究的若干热点问题 [J]. 教育与职业，2000，(1)．

[92] 徐绪卿．我国民办高校家族化的若干问题之探讨 [J]. 高等教育研究，2009，(7)．

[93] 阎凤桥．试析我国民办学校的产权形式和治理结构——基于对非营利组织特征的分析 [J]. 教育研究，2006，(2)．

[94] 阎凤桥．中国民办高校内部治理形式及国际比较 [J]. 浙江树人大学学报，2007，(5)．

[95] 杨开太．试析民办高校法人财产权 [J]. 江苏高教，2011，(4)．

[96] 杨挺，周鸿．论民办学校产权之法律保护 [J]. 中国教育学刊，2005，(5)．

[97] 杨炜长．利益相关者视角下民办高校办学风险的防范 [J]. 高等教育研究，2012，(9)．

[98] 杨炜长．利益相关者视角下民办高校监管体系的构建 [J]. 中国高教研究，2012，(6)．

[99] 杨炜长．完善民办高校法人治理结构的现实思考 [J]. 高等教育研究，2005，(8)．

[100] 张辉，华灵燕，石焕霞．我国民办高校党建工作的创新路径与对策研究——基于 600 余所民办高校调查 [J]. 北京城市学院学报，2016，(1)．

[101] 张利国，程文．从实然到应然：论非营利民办高校的产权构建 [J].

现代教育管理，2016，（9）.

[102] 张利国，林红．民办学校法人财产权法律性质之我见 [J]. 黑龙江高教研究，2012，（8）.

[103] 张利国，严翔．论民办高校的产权流动 [J]. 高校教育管理，2014，（2）.

[104] 张维迎．所有制，治理结构及委托—代理关系：兼评崔之元和周其仁的一些观点 [J]. 经济研究，1996，（9）.

[105] 张文国．民办学校的出资人权利探析 [J]. 教育学术月刊，2008，（5）.

[106] 张晓红．我国民办高校产权问题现状及对策分析 [J]. 中国科技论坛，2010，（10）.

[107] 郑锋，王永哲．民办高校财产权纠纷失范现象研究 [J]. 教育发展研究，2010，（Z2）.

[108] 郑锋．民办高校财产权纠纷失范的路径探析 [J]. 黑龙江高教研究，2011，（7）.

[109] 郑婧，贺建锋．组织中的权力及其运行分析 [J]. 学术交流，2008，（5）.

[110] 周海涛，施文妹．完善民办高校法人治理结构的难题与策略 [J]. 江苏高教，2015，（4）.

[111] 周海涛．民办学校分类管理改革如何推 [J]. 教育发展研究，2015，（Z1）.

[112] 周海涛．以深化综合改革增强民办教育发展活力 [J]. 教育研究，2014，（12）.

[113] 周红卫．民办高校控制权私利及其度量 [J]. 中国高教研究，2011，

（12）.

[114] 周红卫．民办高校控制权私利来源途径和方式的案例研究 [J]. 中国高教研究，2012，（4）.

中文著作：

[1] 马克斯·韦伯．经济与社会（下卷）[M]. 林荣远，译．北京：商务印书馆，1998.

[2] 埃哈尔·费埃德伯格．权力与规则——组织行动的动力 [M]. 张月，等译．上海：上海人民出版社，2008.

[3] 卢梭．社会契约论 [M]. 李平沤，译．北京：商务出版社，2019.

[4] 孟德斯鸠．论法的精神（上册）[M]. 张雁深，译．北京：商务印书馆，1961.

[5] 亚里士多德．政治学 [M]. 吴寿彭，译．北京：商务印书馆，1965.

[6] 比尔·雷丁斯．废墟中的大学 [M]. 郭军，等译．北京：北京大学出版社，2008.

[7] 切斯特·I·巴纳德．经理的职能 [M]. 杜子建，译．北京：北京理工大学出版社，2014.

[8] 伯顿·R·克拉克．高等教育系统——学术组织的跨国研究 [M]. 王承绪，等译．杭州：杭州大学出版社，1994.

[9] 哈罗德·德姆塞茨．企业经济学 [M]. 梁小民，译．北京：中国社会科学出版社，1999.

[10] 汉密尔顿，杰伊，麦迪逊．联邦党人文集 [M]. 程逢如，等译．北京：商务印书馆，1980.

[11] 罗伯特·达尔．民主理论的前言（扩充版）[M]. 顾昕，译．北京：

东方出版社，2009.

[12] 罗伯特·A. 达尔．现代政治分析 [M]. 王沪宁，陈峰，译．上海：上海译文出版社，1987.

[13] 斯蒂芬·P. 罗宾斯，蒂莫西·A. 贾奇．组织行为学 [M]. 孙健敏，李原，黄小勇，译．北京：中国人民大学出版社，2012.

[14] 文森特·奥斯特罗姆．复合共和制的政治理论 [M]. 毛寿龙，译．上海：上海三联书店，1999.

[15] 洛克．政府论（下篇）[M]. 叶启芳．瞿菊农，译．北京：商务印书馆，1964.

[16] 车峰．非营利性组织管理 [M]. 北京：中央民族大学出版社，2015.

[17] 成一丰．管理哲学概要 [M]. 西安：陕西师范大学出版社，1991.

[18] 崔绪治，徐厚德．现代管理哲学 [M]. 合肥：安徽人民出版社，1991.

[19] 丹尼斯·朗．权力论 [M]. 陆震纶，郑明哲，译．北京：中国社会科学出版社，2001.

[20] 邓晓春．高等教育管理概论 [M]. 沈阳：辽宁人民出版社，1985.

[21] 董圣足．民办院校良治之道：我国民办高校法人治理问题研究 [M]. 北京：教育科学出版社，2010.

[22] 官鸣．管理哲学 [M]. 北京：知识出版社，1993.

[23] 郭道久．“以社会制约权力”：民主的一种解析视角 [M]. 天津：天津人民出版社，2005.

[24] 郭咸纲．西方管理思想史 [M]. 北京：北京联合出版公司，2014.

[25] 何华辉．比较宪法学 [M]. 武汉：武汉大学出版社，1988.

[26] 何捷一．管理哲学通论 [M]. 武汉：湖北人民出版社，2009.

[27] 刘文修．教育管理学 [M]. 石家庄：河北教育出版社，1996.

[28] 彭宇文. 中国高校法人治理结构研究 [M]. 北京：中国社会科学出版社，2006.

[29] 齐振海，袁贵仁 . 管理哲学 [M]. 北京：中国社会科学出版社，1990.

[30] 钱学成，全林 . 管理哲学 [M]. 上海：上海交通大学出版社，2009.

[31] 全国人大教科文卫委员会教育室，香港大学中国教育研究中心编 . 民办教育研究与立法探索 [M]. 广州：广东高等教育出版社，2001.

[32] 石良柏 . 管理哲学 [M]. 合肥：安徽人民出版社，1990.

[33] 史璞 . 管理学哲学 [M]. 北京：机械工业出版社，2006.

[34] 阿尔温・托夫勒 . 权力的转移 [M]. 刘江，等译 . 北京：中共中央党校出版社，1991.

[35] 王德清，么加利 . 管理哲学 [M]. 重庆：重庆大学出版社，2004.

[36] 王名 . 非营利组织管理概论 [M]. 北京：中国人民大学出版社，2016.

[37] 王名 . 清华发展研究报告 2003: 中国非政府公共部门 [M]. 北京：清华大学出版社，2003.

[38] 文东茅 . 走向公共教育 : 教育民营化的超越 [M]. 北京：北京大学出版社，2008.

[39] 吴明隆 . 问卷统计分析实务——SPSS 操作与应用 [M]. 重庆：重庆大学出版社，2010.

[40] 辛本禄 . 组织、权力与制度新论 [M]. 北京：中国社会科学出版社，2014.

[41] 薛天祥 . 高等教育学 [M]. 南京：广西师范大学出版社，2001.

[42] 杨伍栓 . 管理哲学新论 [M]. 北京：北京大学出版社，2011.

[43] 应克复，金太军，胡传胜 . 西方民主史 [M]. 北京：中国社会科学出版社，2003.

[44] 袁闯．管理哲学 [M]. 上海：复旦大学出版社，2005.

[45] 张春生．中华人民共和国民办教育促进法释义 [M]. 北京：法律出版社，2003.

[46] 张宏博．中国私立大学有效经营的制度研究 [M]. 北京：人民出版社，2009.

[47] 张屹山．资源、权力与经济利益分配通论 [M]. 北京：社会科学文献出版社，2013.

[48] 张正霖等．管理哲学 [M]. 北京：企业管理出版社，1993.

[49] 甄德山．学校管理学新编 [M]. 天津：天津人民出版社，1996.

[50] 周光辉．论公共权力的合法性（当代中国学术文库．政治学卷）[M]. 长春：吉林出版社，2007.

[51] 朱国云．组织理论：历史与流派 [M]. 南京：南京大学出版社，2014.

[52] 朱九恩，蔡克勇，姚启和．高等学校管理 [M]. 武汉：华中工学院出版社，1983.

论文集中析出文献：

[1] 广岛大学大学教育研究中心．《大学论集》第 25 集 1995 年度（日文版）．转引自黄福涛．国际私立高等院校管理模式研究——历史与比较的视角 [J]. 清华大学教育研究，1999，（3）.

[2] 王一涛．民办高校产权：概念的阐释及分析框架的建构 [C]// 中国教育经济学学术年会 . 2009.

学位论文：

[1] 闻渊．法人治理视野下民办高校章程的制定与完善 [D]. 暨南大学，2015.

（二）外文文献

外文期刊：

[1] ALTBACH P G. Private higher education: themes and variations in comparative perspective [J]. PROSPECTS, 1999, (3) .

[2] ANDRES-ALONSO P D, CRUZ N M, ROMERO-MERINO M E. The governance of nonprofit organizations: empirical evidence from nongovernmental development organizations in Spain [J]. Nonprofit and Voluntary Sector Quarterly, 2006, (4) .

[3] BARON J N, HANNAN M T, BURTON M D. Building the iron cage: determinants of managerial intensity in the early years of organizations [J].American Sociological Review, 1998, (4) .

[4] BASSE B. The management practice of higher education institutions: the case in private institutions of higher education (PIHE) in Senegal[J]. Universal Journal of Management, 2015, (1) .

[5] BEN-NER A, REN T. Comparing workplace organization design based on form of ownership: nonprofit, for-Profit, and local government[J]. Nonprofit & Voluntary Sector Quarterly, 2015, (2) .

[6] BLOCK S R, ROSENBERG S. Toward an understanding of founder’ s syndrome: an assessment of power and privilege among founders of nonprofit organizations [J]. Nonprofit Management and Leadership, 2002, (4) .

[7] ENGLISH L, PETERS N. Founders’ syndrome in women’ s nonprofit organizations: implications for practice and organizational life [J].

Nonprofit Management and Leadership, 2011，(2).

[8] FAMA E F, JENSEN M C. Agency problems and residual claims [J]. Journal of Law & Economics, 1983，(6).

[9] FAYOL H. General and industrial management [J]. Academy of Management Review, 1954，(2).

[10] FREIDSON E. Professional Powers: A Study of the Institutionalization of Formal Knowledge [J]. Social Forces，1986,（5）.

[11] JENSEN C, MECKLING H. Theory of the firm: managerial behavior, agency cost and ownership struture [J]. Journal of Financial Economics, 1976,（3）.

[12] PFEFFER J, SALANCIK G R. The external control of organizations: a resource dependence perspective [J]. Social Science Electronic Publishing, 1978，(2).

[13] SHIN J C. Changing governance and management of higher education in South Korea [J]. Lhmartininstitute. edu. au. 2009.

[14] 山崎，博敏，ヤマサキ，ヒロトシ，Yamasaki H. 大学法人理事会の役割構成とその構造変化 [J]. 大学論集，1996，(25).

外文专著：

[1] AIRASIAN, P W, GAY L R. Educational research: Competencies analysis and application (7th.) [M]. Englewood Cliffs N. J.: Prentice-Hall，2003.

[2] GONZALEZ A. Private higher education in the Philippines: private domination in a developing country. [M]. ALTBACH P G, ed.

Private Prometheus: Private Higher Education and Development in the 21st Century London: Greenwood press, 1999.

[3] ASHBY E. Adapting universities to a technological society [M]. Jossey-Bass Publishers, 1974.

[4] CASTRO C D , NAVARRO J C. Will the invisible hand fix private Latin American higher education? [M]. ALTBACH P G, ed. Private Prometheus: Private Higher Education and Development in the 21st Century [M]. London: Greenwood press, 1999.

[5] ETZIONI A. The Active Society [M]. New York: The Free Press, 1968.

[6] FAYOL, H. General and industrial management/-Rev. ed [M]. Institute of Electrical and Electronics Engineers, 1984.

[7] PARSONS, D. Sociological theory and modern society [M]. New York: Fee Press, 1967.

[8] PHILIP G A. Universities: Family style. In Private higher education: a global revolution [M]. Philip G. Altbach, Daniel C. Levy. 青岛：中国海洋大学出版社，2008.

[9] NATSUME T. Japan: Private Institutions of Higher Education. In K.M.Joshi & Saeed Paivandi.Private Higher Education: A Global Perspective [M]. France: B R Publishing Corporation, 2015.

附　录

附录 1：调查问卷

民办高校举办者管理权调查问卷

尊敬的各位同仁：

您好！

这是一份有关民办高校举办者管理权的问卷，调查结果将为我国民办教育改革和发展政策研究提供支持。问卷选项无对错之分，只要按照您的真实情况和想法回答就很好，我们将对您的回答完全保密。衷心感谢您的大力支持！

2017 年 9 月

一、基本信息（请在适当的□内填上“√”，或在横线上填写相关内容）

1. 您从事民办教育工作的年限：

□ 1—5 年　□ 6—10 年　□ 11—20 年　□ 21—30 年　□ 31 年及以上

2. 您的身份（可多选）：

□举办者　□举办者代表　□党委书记　□董（理）事长　□校（院）长

□其他（请说明 ________________________）

3. 贵校属于：

□个人办学　□企业办学　□基金会等非营利性社会团体办学　□联合举办

□外资办学

4. 实行分类管理后，贵校的意向是：

□营利性　□非营利性　□不确定

5. 贵校举办者是：

□初始举办者　□二代接班人　□变更后举办者

6. 贵校办学层次（填写最高层次）：

□专科 / 高职　□本科　□硕士研究生

7. 贵校办学年限：

□ 5 年及以下　□ 6—10 年　□ 11—15 年　□ 16—20 年　□ 20 年以上

8. 贵校初始出资类型是：

□捐资办学　□出资不要求合理回报　□出资要求合理回报　□投资办学

□其他（请说明 ______________________________）

9. 贵校目前的办学经费主要来源（最多选 2 项）：

□举办者投入　□学生学费　□政府拨款　□社会捐赠　□校产收入

10. 贵校目前的法人类型：

□民办非企业　□事业单位　□企业　□非营利性法人

□其他（请注明 __________）

11. 贵校专任教职工规模：

□ 300 人以下　□ 300—500 人　□ 500—800 人　□ 800 人以上

12. 贵校在校生规模：

□ 5 000 人以下　□ 5 000—10 000 人　□ 10 000—20 000 人

□ 20 000—30 000 人　□ 30 000 人以上

二、以下是关于举办者组织与制度建设管理权相关事项的描述，请根据贵校实际情况，在最合适的选项上打“√”(注：学校有多个举办者的，以主要举办者情况为准)。

	题 项	完全符合	比较符合	基本符合	比较不符合	完全不符合
1	主导学校董（理）事会等决策机构建设					
2	主导学校监事会、教代会或其他监督机构建设					
3	协助学校党组织建设					
4	决定学校科研机构、教学基地等重要机构设置					
5	确定学校办学方向、宗旨方针					
6	审定学校中长期发展规划					
7	决定学校分立、合并等变革事项					
8	审批院系设置与调整事宜					
9	决定校园规划建设					
10	决定董（理）事会议事规则					
11	决定召开董（理）事会的时间和频次					
12	查阅董（理）事会会议记录					
13	监管董（理）事会日常运行状况					
14	审定学校章程等规章制度					
15	主导学校管理体制建设					

三、以下是关于举办者财务管理权相关事项的描述，请根据贵校实际情况，在最合适的选项上打“√”（注：学校有多个举办者的，以主要举办者情况为准）。

	题　项	完全符合	比较符合	基本符合	比较不符合	完全不符合
1	审批学校年度预、决算					
2	监督学校预算执行情况					
3	监督基建项目预算执行情况					
4	决定贫困生救助等预算外事项					
5	审批学校各种收费项目及标准					
6	了解学校各项收入情况					
7	筹措办学经费					
8	审批学校大综额资金支出					
9	监管教育教学经费使用情况					
10	监管学校日常运行开支					
11	了解学校固定资产存续、保值增值情况					
12	审批学校重要项目或服务的招标采购					
13	审批学校图书、仪器设备等物资设施的招标采购					
14	审批学校对外投资项目					
15	掌握学校资金动态平衡情况					
16	监督学校经济活动的合法性、合理性					
17	查阅学校年度会计核算、审计报告					
18	定期组织清产核资					

四、以下是关于举办者人事管理权相关事项的描述，请根据贵校实际情况，在最合适的选项上打“√”（注：学校有多个举办者的，以主要举办者情况为准）。

	题项	完全符合	比较符合	基本符合	比较不符合	完全不符合
1	推选董（理）事会负责人					
2	推选董（理）事会其他组成人员					
3	推荐监事会等监督机构负责人					
4	推荐监事会等监督机构其他组成人员					
5	聘用或解聘校长					
6	审定编制总额					
7	审定学校各级各类岗位设置、人员总量					
8	审批学校各层次人才引进计划					
9	审批全校师资队伍建设规划和配套政策					
10	引进、考察、选拔、任免中层领导					
11	引进、考察、选拔、任免科层干部					
12	审批教职工招聘、入职、解雇、离职、退休工作					
13	审批全校教师和其他专业人员培训、进修等事宜					
14	审核全校教师和其他专业人员技术职务评审结果					
15	主导设置校内各类人才培养工程或项目					
16	决定学校员工考核及评优标准					
17	审核学校人事考核及评优结果					
18	主导学校人事激励政策建设					
19	决定学校学生奖助体系					

续表

	题 项	完全符合	比较符合	基本符合	比较不符合	完全不符合
20	决定学校教职工薪酬体系					
21	决定学校教职工“五险一金”及其他福利待遇					

五、以下是关于举办者教学科研管理权相关事项的描述，请根据贵校实际情况，在最合适的选项上打“√”（注：学校有多个举办者的，以主要举办者情况为准）。

		完全符合	比较符合	基本符合	比较不符合	完全不符合
1	审批学校人才培养发展规划					
2	核定全校及各专业招生计划					
3	审批学校教育教学改革事项					
4	审批校级教学质量监控体系等教学制度					
5	审批学校年度科研工作计划					
6	审批学科建设规划、学位点建设及其他学科规划					
7	组织开展各类教学检查					
8	解决教学中出现的问题，处理教学事故					
9	定期听取教育教学规划、改革进展情况					

续表

	题 项	完全符合	比较符合	基本符合	比较不符合	完全不符合
10	考核教学质量					
11	了解学生毕业、就业情况，评估人才培养质量					
12	组织优秀教学成果评选、奖励工作					
13	领导重要科研项目申报工作					
14	组织引导校企合作					
15	了解在研项目进展情况					
16	组织优秀科研成果评审、奖励工作					

您认为，民办高校举办者管理权还包括哪些方面？在实际运用过程中有哪些问题？有什么好的建议？

再次衷心感谢您的支持和帮助！

附录2：访谈提纲

民办高校举办者管理权访谈提纲

（适用于举办者与学校校级管理者）

1. 新修订的《民办教育促进法》要求“民办学校的举办者根据学校章程规

定的权限和程序参与学校的办学和管理”，对此您有什么看法？

2. 贵校举办者（您）对学校的管理主要涉及哪些方面？

3. 贵校举办者（您）平时是如何对学校进行管理的？

4. 贵校举办者（您）在学校管理过程中有哪些问题？

5. 您认为举办者应如何参与学校管理？

民办高校举办者管理权访谈提纲

（适用于地方主管部门负责人）

1. 新修订的《民办教育促进法》要求“民办学校的举办者根据学校章程规定的权限和程序参与学校的办学和管理”，对此您有什么看法？

2. 根据您的了解，民办高校举办者对学校的管理主要涉及哪些方面？

3. 您所了解到的民办高校，其举办者在学校管理过程中有哪些问题？

4. 您认为举办者应如何参与学校管理？

5. 您认为应如何规范民办高校举办者的管理权？

表目录

图目录